时代印记

王志艳◎编著

司马迁

延边大学出版社

图书在版编目（CIP）数据

寻找司马迁 / 王志艳编著 . —延吉：延边大学出
版社，2013.8(2020.7 重印)
ISBN 978-7-5634-5931-5

Ⅰ . ①寻… Ⅱ . ①王… Ⅲ . ①司马迁（约前 145 或前
135 ~ ?）—传记—青年读物②司马迁（约前 145 或前 135 ~
?）—传记—少年读物 Ⅳ . ① K825.81-49

中国版本图书馆 CIP 数据核字 (2013) 第 210679 号

寻找司马迁

编著：王志艳
责任编辑：李　宁
封面设计：映像视觉
出版发行：延边大学出版社
社址：吉林省延吉市公园路 977 号　邮编：133002
电话：0433-2732435　传真：0433-2732434
网址：http://www.ydcbs.com
印刷：唐山新苑印务有限公司
开本：690×960　1/16
印张：11 印张
字数：100 千字
版次：2013 年 8 月第 1 版
印次：2020 年 7 月第 3 次印刷
书号：ISBN 978-7-5634-5931-5
定价：29.80 元

前言

历史发展的每一个时代，都会有对后世产生巨大影响的人物，都会有推动我们前进的力量。这些曾经创造历史、影响时代的英雄，或以其深邃的思想推动了世界文明的进步，或以其叱咤风云的政治生涯影响了历史的进程，或以其在自然科学领域中的巨大成就为人类造福……

总之，他们在每个时代都留下了深深的印记，烙上了特定的记号。因为他们，历史的车轮才会不断前进；因为他们，每个时代的内容才会更加精彩。他们，已经成为历史长河的风向标，成为一个时代的闪光点，引领着我们后人走向更加深邃的精神世界和更加精彩的物质世界。

今天，当我们站在一个新的纪元回眸过去的时候，我们不能不提起他们的名字，因为是他们改变了我们的世界，改变了人类历史的发展格局。了解他们的生平、经历、思想、智慧，以及他们的人格魅力，也必然会对我们的人生产生深刻的影响。

为了能了解并铭记这些为人类历史发展做出过巨大贡献的人物，经过长时间的遴选，我们精选出一些最具影响力、最能代表时代发展与进步的人物，编成这套《时代印记》系列丛书，其宗旨是：期望通过这套青少年乐于、易于接受的传记形式的丛书，对青少年读者的成长产生潜移默化的影响，使他们能够从中吸取到有益的精神元素，立志奋进，为祖国、为人类作出自己的贡献。

前言

　　本套丛书写作角度新颖，它不是简单地堆砌有关名人的材料，而是精选了他们一生当中最富有代表性的事迹与思想贡献，以点带面，折射出他们充满传奇的人生经历和各具特点的鲜明个性，从而帮助我们更加透彻地了解每一位人物的人生经历及当时的历史背景，丰富我们的生活阅历与知识。

　　通过阅读这套丛书，我们可以结识到许多伟大的人物。与这些伟人"交往"，也会进一步提高我们的思想品格与道德修养，并以这些伟人的典范品行来衡量自己的行为，激励自己不断去追求更加理想的目标。

　　此外，书中还穿插了许多与这些著名人物相关的小知识、小故事等。这些内容语言简练，趣味性强，既能活跃版面，又能开阔青少年的阅读视野，同时还可作为青少年读者学习中的课外积累和写作素材。

　　我们相信，阅读本套丛书后，青少年朋友们一定可以更加真切、透彻地了解这些伟大人物在每个时代所留下的深刻印记，并从中汲取丰富的人生经验，立志成才。

导 言

Introduction

　　司马迁（公元前145—约前87年），字子长。左冯翊夏阳（今陕西韩城）人。我国古代著名的史学家和文学家，被誉为"史学之父"。他所撰写的文化巨著《史记》记载了华夏民族近3000年的历史，真实地再现了秦汉时代中华民族刚健奋发的文化精神，因此，《史记》也被公认为是中国史书的典范。

　　司马迁从小聪慧过人，10岁开始学习古文书传。大约在汉武帝元光、元朔年间，他又向董仲舒学习《公羊春秋》，向古文家孔安国学习《古文尚书》。由于学习刻苦，极具钻研精神司马迁进步很快。

　　20岁时，司马迁南下漫游，足迹遍及江淮流域及中原地区，沿途对许多历史古迹进行了实地考察，对社会现实和各个阶层、各种职业的人们的生活进行了充分的了解，为他日后创作巨著《史记》奠定了坚实的基础。

　　漫游结束后，司马迁回到长安，其才学得到了汉武帝的赏识，遂被任命为郎中，正式成为一名宫廷官员。

　　此后，司马迁出使西南，安抚少数民族，为加强各民族间的团结做出了出色的贡献；又根据汉朝社会发展的需要，制定了新的历法——《太初历》，使之成为当时世界上最为先进的历法，也是中国历法史上的一次重大改革。

　　公元前108年，司马迁继任父职，任太史令。从此，他利用宫廷图书馆，搜集大量文献资料，几乎每天埋头整理和考证史料，为著述《史记》做好充分准备。几年后，司马迁学识大进，获得了撰写《史记》的必备学识。

　　就在司马迁准备全身心地撰写《史记》时，却遭遇李陵之祸。司马迁出于正义，为李陵辩护，结果惹怒汉武帝，被投入监狱。

在狱中，司马迁备受凌辱，"交手足，受木索，暴肌肤，受榜棰，幽于圜墙之中。当此之时，见狱吏则头抢地，视徒隶则心惕息"，几乎断送性命。

司马迁本想一死，但想到自己多年搜集资料，要写一部史书的夙愿未了，因此忍辱负重，苟且偷生，选择了屈辱的宫刑，后被释放出狱。

残酷的宫刑不但没有摧毁司马迁的意志，反而让他的目标更加坚定。此后，司马迁发愤著书，经过十余年的努力，终于完成了伟大的史学巨著《太史公书》，即《史记》。

《史记》全书包括十二本纪、三十世家、七十列传、十表、八书，约50多万字，记述了上起黄帝、下至汉武帝天汉年间近3000年的历史，包括帝王将相、豪杰刺客、平民商人等上千名历史人物，以及政治、典制、文化、思想等方面丰富的历史内容，为中国、为世界留下了一笔珍贵的文化遗产。

此外，《史记》还独创了中国历史著作的纪传体裁，开创了史学方法上全新的体例。司马迁以个人传、纪为形式，以社会事件为中心记载历史，为后世展现出了一部规模宏大的社会变迁史，对后世史学产生了深远的影响。

本书从司马迁的幼年生活开始写起，一直追溯到他所创作出举世闻名的巨著《史记》，再现了司马迁一生既波澜壮阔又坎坷曲折的生命历程，展现了司马迁从一位耕读少年到一代文化巨人的成长足迹，旨在让广大青少年朋友了解这位忍辱负重、秉笔直书，撰写伟大著作的文史大家不平凡的人生经历，并从中汲取他那种积极进取、坚忍不拔的毅力和顽强的精神。书中同时再现了司马迁当年所处的政治文化氛围。

目 录

contents

时代印记　目录

目录

第一章　史官之后

人固有一死，或重于泰山，或轻于鸿毛，用之所趋异也。

——（西汉）司马迁

（一）

据上古神话记载，黄帝之后，继承黄帝担任中央天帝的帝俊有三个美丽的妻子，其中一个是太阳女神羲和。她生有十个太阳儿子，他们都住在东方海外的汤谷，位于墨齿国的北方。汤谷中的海水像沸汤一样滚热，这大约是因为十个太阳经常在那里洗澡的缘故。

那里有一棵名叫扶桑的树，生长在沸腾的海水中，高达数千丈，是羲和和她的十个太阳儿子居住的地方。

每天，有九个太阳住在下面的枝条上，一个太阳住在上面的枝条上，他们轮流出现在天空，一个下来，另一个再去值班，来来去去都是由母亲驾着车子伴送，所以世称"日出扶桑"。也正因为如此，虽然天上有十个太阳，但人们能看到的只有一个。

每天按照规定的路线与程序轮流去值班，这项工作是十分呆板无趣的，因此十个太阳都感到十分无聊。于是，在一天深夜，他们聚在扶桑树的枝条上商量一番，次日凌晨，"轰"的一声，十个太阳一起飞走了。他们欢天喜地地蹦啊、跳啊，四散于广阔无垠的天空中，再也不想回去乘坐母亲驾驭的乏味的车子去值班了。

但是，十个太阳的放荡不羁给大地造成了空前的灾难。十日当空，炙烤着大地，导致禾苗焦枯，草木凋零，禽兽隐匿，江河干涸，百姓望天兴叹，天上人间一片骚动不安。

人间的灾难也引起了天神的不满，众神纷纷指责帝俊纵子为患。迫于天上人间的压力，帝俊不得不想办法管束一下他的十个宝贝儿子。

于是，帝俊想到了一条妙计，便将善射的司衡后羿召来，赐给他一张红色的弓，一口袋白色的箭，让他下界去吓唬一下自己的十个儿子。

在后羿下界前，帝俊千叮咛万嘱咐，让后羿不要真射，只给他们一些警告就行了。后羿领旨后，便带着妻子嫦娥来到人间。

然而一到人间，后羿就被人间的种种惨相激怒了。正直善良的后羿忘记了帝俊对他的嘱咐，也忘记了个人的安危。他援弓搭箭，一口气射下了九个太阳，为百姓除了一大祸害。

从此以后，天上便只剩下一个太阳，他每天从东方汤谷的扶桑出现，晚上宿于蒙水之涯，周而复始，不知疲倦地照耀着寰宇，造福万物。

在光辉灿烂的阳光照耀下，八百里秦川再一次复活起来，就连炎黄儿女的母亲、中华民族的摇篮黄河，都变得慈祥、宽厚起来。

黄河源自青海省巴颜喀喇山的北麓海拔4500米的约古宗列盆地，流经青海、甘肃、宁夏、陕西、山西、河南、河北、山东八省，为华夏的第二长河。该河的上游是沙漠和黄土高原，因此水常常挟泥沙而来，水性浑浊，下游泥沙淤积，常有泛滥之灾。历朝历代都专设机关，命大员筹措巨资治理黄河。但因政治腐败等多种原因，虽然年年治理，河水依然年年为患。

在三门峡上游的数百里处，有一座龙门山。龙门山原名太华山，它的东边紧挨吕梁山脉，位于今山西与陕西的交界处。这里山峦高耸，

雄奇险峻，挡住了黄河的去路，让黄河之水不能东去，只好掉头折向西方，结果滚滚河水淹没了孟门山、壶口山等地，这便是上古时期中原地带的洪水之源。

后来，大禹治水将太华山劈为两半，令其分跨在黄河的东西两岸，如同两扇石门一般，让黄河之水从悬崖峭壁之间奔流而下，故而大禹唤其为"龙门"。

龙门在古代时期也成为韩城的代称。韩城位于黄河中游的西岸，关中平原的东北隅。它东临黄河，西依梁山，南接合阳，北靠宜川，是人类最早生存繁衍的发祥地之一。

西周初年，周武王将韩城封给他的一个儿子，称为韩侯国。公元前757年，韩侯国被晋文侯所灭。

西周末年，周又封秦仲少子康于梁山，是为梁伯国。公元前641年，韩、赵、魏三家分晋，梁伯国属于魏国。

公元前327年，秦取梁伯，更名为夏阳。西汉武帝时，夏阳属左冯翊。

夏阳城的西边有一个高门原，这里有东、西两个高门村。春秋战国时期，秦、晋、魏多次在这里交战，导致这里田地荒芜，百姓生活困苦。高原上的百姓为躲避战乱，都纷纷搬到两面沟壑、一面环水的龙门寨居住。

秦国统一天下后，饱受战乱之苦的百姓们都盼望着能过上安稳日子，谁知秦始皇又驱使百姓修筑长城，建造阿房宫，再次让百姓饥寒交迫，流离失所。

刘邦灭掉秦国，建立汉朝之后，中原地区又出现了楚汉相争的混乱局面。一直到"文景之治"时期，汉朝才渐渐强盛繁荣起来，百姓也始得安居乐业。在战火中遭到严重摧残的夏阳，经过修复和重建，也逐渐出现了崭新的面貌。

（二）

龙门寨原本是乱世中百姓躲避战乱的临时住所，但到了汉朝初年，这里已经长住有20多户人家了，成了一个小小的村庄。村子虽然没什么豪门大户，但却宁静安详。住在村西高台上的司马喜一家，以耕牧为业，算是村里的富裕人家。

说起司马喜，我们就先来说说他的姓氏"司马"。

传说历史上有一个时期，人和神是住在一起的，无法分清谁是人谁是神，人人都在祭祀，家家都为"巫史"，好像个个都通神一样。但直到大家都被祭祀弄得穷困潦倒了，也没见到什么福气。

到了颛顼时，他见这种情形很不对头，就命南正（一种官名）重专门掌管天上的事，使各个神都各司其职，并分出次序来；又命火正（也是一种官名）黎专门掌管地下的事，让人民各安旧业，不能互相侵犯。这样一来，人和神就分开了，天上的神事和地下的人事都各管各的，这就是所谓的"绝地天通"。

后来，从唐、虞到夏、商，重黎的后人都世代分别掌管着天地的事情，让人神各有所主。到了周宣王时代，重黎的后人名叫程伯休父的，失去了重黎氏世代相传的职守，作了司马这个官，于是就有了司马氏。

这是公元前5世纪时，楚国的大夫观射父对楚昭王所讲的故事。司马迁认为，他的家世就是从重黎氏这样渺茫的元祖传下来的。但作为司马迁的祖先来说，重黎即使是个历史人物，也未必就是他的元祖。司马迁之所以引用这样渺茫的元祖，不过是要表明他的家世是个悠久的史官家世。

司马迁对于自己姓氏的起源，在《史记》的自序中曾有所叙述，但也留下了不少问题，其家族谱系也是很难追踪的。

据说司马迁的先祖曾担任过管理军事的官职，后来不知在哪一朝代改行，做了周朝王室的太史，此后便逐渐分散到各个诸侯国，担任其他的官职。

司马迁出身的这一支。秦惠王时期，司马氏家族出了一位名叫司马错的大将，他也是司马迁比较早而可信的一位祖辈。他曾与主张连横的张仪，为攻打韩国还是攻打当时在今四川成都一带的外族小国蜀国的决策问题上，在秦惠王面前展开过辩论。

当时张仪认为，攻打韩国可以乘机胁迫邻近的周王室，然后挟天子以令天下人遵从秦惠王的号令。

但司马错认为，"欲富国者，务广其地；欲强兵者，务富其民"；而且挟持天子会引起六国反感，正好可以作为六国的借口，令其合力对付秦国。因此，司马错主张伐蜀，这样不但能产生具体的经济效益，还不会引起六国的反感。

这个有远见的策略当场就获得了秦惠王的同意。恰在此时，蜀国与今重庆一带的另一个小国巴国之间相互攻击，于是司马错轻易地将蜀国消灭，并吞并了它的土地。由于伐蜀有功，司马错此后便留守于蜀。

司马错之后，人们现在能知道的，还有司马错的孙子司马靳。秦昭襄王时期（公元前306—前251年），司马靳是曾在长平之战中坑杀赵国40余万士卒的秦国大将白起的部下，并且也参加了长平之战。为此，后来白起被秦昭襄王赐死时，司马靳也一同被赐死了。

司马靳的孙子司马昌，曾在秦始皇的政府中担任相当于现在矿物局长的官职，主要管理铁矿事务。

司马昌的儿子，也就是司马迁的曾祖父，名叫司马无泽，曾做过"汉市长"。所谓"汉市"，有人说是地名；"长"，相当于秦汉时

5

期的县官，治理万户以上的叫"令"，治理万户以下的就是"长"。这样看来，他应该是个县太爷。

司马无泽的儿子，就是司马迁的祖父司马喜。司马喜似乎没有取得过什么大的成就，司马迁只说他曾获得"五大夫"的职位。

司马喜的儿子，也就是司马迁的父亲司马谈，曾在西汉景帝在位期间担任太史令。

从春秋时代算起，司马迁的家世也称得上"源远流长"了。但给司马迁以直接而深刻影响的，只是他的父亲司马谈。

（三）

司马谈逝世于公元前110年，生年不详。但可以肯定的是，司马谈生长、受教育于汉王朝的文景时代，主要接受了文景时代的影响。

据司马迁称，其父司马谈的学问有三方面：

第一，"学天官于唐都"。

所谓学天官，就是学习天文，观测日月星辰。汉代学者都认为，天上的日月星辰与地上的封建王朝一样，也有君臣尊卑、大小官职之分，因此称天文星象为天官。

第二，"受《易》于杨何"。

杨何，字叔元，淄川（今山东寿光东南）人，汉初著名的传《易》者之一。公元前134年（元光元年），杨何以《易经》专家的地位为中大夫。司马谈学习这些，似乎是想做个史官；亦或是做了史官之后，才有机会也必须要学习这些。因为天文星象与阴阳吉凶等，都是史官的主要职掌。

第三，"习道论于黄子"。

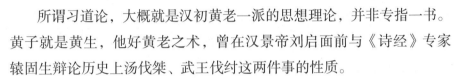

所谓习道论，大概就是汉初黄老一派的思想理论，并非专指一书。黄子就是黄生，他好黄老之术，曾在汉景帝刘启面前与《诗经》专家辕固生辩论历史上汤伐桀、武王伐纣这两件事的性质。

公元前141年（景帝后元三年），汉景帝卒，太子刘彻继位，是为汉武帝。从此，汉代王朝进入了一个崭新的历史发展时期。

此时，经过六七十年的相对安定的局面，汉初以来王国割据势力已经逐渐消除，中央集权的封建统治已经相当稳固。随着生产力的发展，社会物质财富的增长，汉王朝必然要结束"无为"的政治，改变为以"仁义"为缘饰的"多欲"政治。

窦太后死后（公元前135年，建元六年），儒家思想取代了黄老思想，成为封建阶级的统治思想。在汉武帝建元年间（公元前140—前135年），司马谈学有所成，开始担任史官，即太史令，通称太史公。

史官是汉武帝继位后新增设的一个官职，主要职掌天时星历，"近乎卜祝之间"。但在汉武帝看来，这一官职不过是倡优一族，世俗也颇为轻视。

同时，史官还负责搜罗并保存各种典籍文献，这也是史官的传统。司马谈在职期间，也很自觉地继承了这一传统。

关于司马谈的思想，《史记·太史公自序》中记载了一篇司马谈所写的论文。这篇文章非常有名，也非常具有历史价值，名为《论六家要旨》。

在这篇文章中，司马谈将春秋战国以来的学术整理出一套系统，井然有序地对阴阳、儒家、墨家、名家、法家和道家六家的学说作了简明而一针见血的总评。

在六家之中，司马谈最推崇的是道家，批驳最多的是儒家。他认为，各家学说都有一个通病，就是过于偏狭，无法灵活运用，只有道

家"因阴阳之大顺，才儒墨之善，撮名家之要"，而且"与时迁移，应物变化"。换句话说，道家是最具有综合性和最富有弹性的。

他还盛赞道家的"无为而无不为"，批评儒家的"博而寡要，劳而少功"，因为"儒者以六艺为法，六艺经传以千万数（经籍过多），累世不能通其学，常年不能究其理（永远学不完）"。

在汉武帝"罢黜百家，独尊儒术"的统治思想下，司马谈的这种学术思想虽然与当时的学术思想存在着一定的分歧，但却并没有遭到禁止。

这是因为，当时的各派学说并没有马上遭到取缔。建议"独尊儒术"的董仲舒、汉武帝重用的丞相公孙弘等，也都不是单纯的儒家。董仲舒以儒家而讲阴阳家的学说，公孙弘"习文法吏事，而又缘饰以儒术"。

可见，汉武帝时期的统治思想，实际是儒家思想兼并阴阳家、法家及道家等思想，即所谓的"汉家自有制度，本以霸王道杂之"。这种统治思想的复杂化，也是当时社会矛盾、阶级斗争复杂化的反映。而司马谈的这篇论文，则是从学术思想角度反映了汉武帝时代这种社会和统治思想复杂化的现实状况。

司马谈的这一思想，对司马迁也产生了很大的影响，给司马迁后来为先秦诸子作传以很好的启示。因此，在当时看来，司马谈的这篇论文不仅具有一定的现实意义，还有更加深远的历史意义。

第二章　志向远大

常思奋不顾身，而殉国家之急。

——（西汉）司马迁

（一）

公元前145年（汉景帝中元五年），司马迁在龙门（今陕西省韩城市）出生。这个出生地是司马迁自己说的。在《史记·太史公自序》中，司马迁写道：

"迁生龙门，耕牧河山之阳。"

在10岁以前，司马迁绝大部分的时间都是在龙门的乡下度过的，过着典型的乡下孩童生活：帮忙耕田、放牛，与玩伴们在大自然中打闹嬉戏。这时，他的父亲司马谈还尚未做官，大概还在家乡务农。祖父司马喜也只是个五大大——一个空头的第九等爵，官位低微。

不过，父亲司马谈是个读书人，有着较为深厚的文化修养，因此在做官之前，他也未必真正是个劳动的农民。因此，司马迁幼年时期也未必是个完全的牧童，在做牧童的同时或稍后些时候，他便已经开始了学童生活。

在西汉时期，一般人读书认字，只需学会今文所写的《苍颉篇》即

可。但如果想出仕做官，就必须加学用古文所写的《史籀篇》。

史书记载，司马迁10岁"诵古文"。按照当时的惯例，在"诵古文"前还应先"书古文"，也就是"小学"阶段的认字练字。秦时的"小学"蒙童课本有李斯所作的《苍颉篇》、赵高所作的《爱历篇》，以及秦大史令胡毋敬所作的《博学篇》。

汉代初年，这三种书又合为一书，统称《苍颉篇》，并改写成隶书，又称《三苍》。该书凡55章，每章收入60个字，共计3300个常用字，是今文字书。

另外，还有古文字书的《史籀篇》。由于是古字，因此比今文所写的《苍颉篇》难得多。而且，汉时教授蒙童识六书、习六体，要能背诵并写出9000个字以上，每个字还要能写出古体、异体、小篆、隶书、篆刻印章、草书等六体。这些对于一个学童来说，负担是相当重的，而且也不是一般农家的学童能诵习的。

但是，司马迁能够在艰苦的学习环境中"诵古文"，可见其从小便志向远大，也反映了他年幼时期刻苦攻读的精神。

当时的古书较少，要找到古书来阅读也是件很难的事。但司马迁为了提高自己的古文功底，还是想办法到处弄古书，潜心研究。

当年秦始皇焚书坑儒，有人若敢私藏书籍，都是要被杀头的。这就导致大量古书被焚毁，民间也很少能见到古书。但司马迁依然对研读古书投入了很大的热情。找不到古书，他就找懂得古书的人求教。

司马迁的祖父司马喜是汉朝的五大夫，虽然官位不高，但也懂得不少古文。司马迁幼年就生活在祖父身边，因此也有机会向祖父求教古文，祖父自然也乐于教育这个聪颖勤奋的小孙子。

有时候，司马喜坐在案几后摇头晃脑地背诵古文，司马迁就在一旁认真倾听，同时将古文的内容记在心里。待祖父背诵第二遍，遇到记不清的内容时，司马迁反倒能够替祖父接下去。

祖父对司马迁非凡的记忆力啧啧称奇，同时也更加认为自己的这个小孙子是个天才，要好好培养他。因此，祖父司马喜便成了司马迁幼年时期的古文启蒙老师。

汉武帝建元年间（公元前140—前135年），司马谈前往长安，担任太史令。此后，司马迁经常向父亲提出，希望父亲能从京师借来一些古文书籍。

司马谈在朝中担任史官，是有权从皇家图书馆中借阅大量古书的。为了满足儿子的求知欲，司马谈每次从京师回家，都会带几本古书给司马迁。由于书籍借阅时间有限，司马迁每次遇到古书中的重要章句，都会亲自用刀刻在竹简之上，以备日后诵读。

不久，司马迁又跟随父亲迁往京师居住。这样一来，司马迁就有了更好的学习条件，在学问上更是如虎添翼。聪颖好学的司马迁，开始在知识的海洋中尽情遨游。

（二）

司马迁10岁那年（建元五年，公元前136年），汉武帝立五经博士。第二年，窦太后病逝后，汉武帝便开始大刀阔斧地进行改革了。

自汉朝开国以来，北方匈奴便一直耀武扬威，屡屡侵犯边境。以"建元"对抗"始皇"的汉武帝，再也无法忍受这些嚣张的匈奴，同时也无法忍受汉高祖开国以来，汉朝的版图比秦始皇时代要小许多的现实。

公元前133年，即司马迁13岁这年，朝中大臣就对匈奴主战还是主和产生了激烈的争辩，最后主战派获胜。随后，汉武帝下令征讨匈奴。

在《史记·匈奴列传》中，司马迁是这样描写这次战役的：

> 汉使马邑下人聂翁壹奸兰出物与匈奴交，详为卖马邑城以诱单于。单于信之，而贪马邑财物，乃以十万骑入武州塞。汉伏兵三十馀万马邑旁，御史大夫韩安国为护军，护四将军以伏单于。单于既入汉塞，未至马邑百馀里，见畜布野而无人牧者，怪之，乃攻亭。是时雁门尉史行徼，见寇，葆此亭，知汉兵谋，单于得，欲杀之，尉史乃告单于汉兵所居。单于大惊曰："吾固疑之。"乃引兵还。出曰："吾得尉史，天也，天使若言。"以尉史为"天王"。汉兵约单于入马邑而纵，单于不至，以故汉兵无所得。

通过司马迁的描写，可以得知这次战役的情况：汉军先派遣一位老翁聂壹，让他故意违反法令出塞，与匈奴作交易，然后再假装投降匈奴，让匈奴单于领兵来抢夺马邑的财物。而此时，汉朝的30万大军就埋伏在附近的山谷中。

结果，匈奴单于领着10万骑兵还没到马邑时，就发现一群牲口布满郊野无人看管。匈奴由此起了疑心，迅速撤兵回去了，这也让汉军的计谋落了空。

从此以后，汉朝和匈奴便断绝了往来，匈奴对汉朝也有了较高的警觉。于是，汉朝遂对匈奴采取了主动出击的策略，从而展开了数十年的战争。

13岁的司马迁此后便这样耳闻目睹了一场又一场战争的发生。司马迁描写战争的手法及遣词用句十分独特，可以说2000年来没有人能够超越他。

公元前129年，匈奴侵犯上谷郡（今河北省怀来县以南），结果被汉军打败，汉朝也获得了对匈奴作战的第一次胜利。

这次战役的指挥官，正是汉朝时期大名鼎鼎的将军卫青。关于卫青的情况，司马迁在《卫将军骠骑列传》的开头是这样介绍的：

> 大将军卫青者，平阳人也。其父郑季，为吏，给事平阳侯家，与侯妾卫媪通，生青。

依据司马迁的记载，卫青是个外戚，而且是个不太光彩的外戚。他的父亲郑季，与平阳侯家中一个姓卫的仆妾私通，生下卫青。

卫青的母亲姓卫，这究竟是她的本姓，还是她丈夫的姓，司马迁没有说明，只说这个卫媪一共生了5个孩子，有的孩子姓卫，有的孩子姓郑。但后来，这5个孩子中出了一个皇后卫子夫，因此她与郑季所生的小孩，包括卫青在内，就全部姓卫了。

卫子夫的姐姐名叫卫少儿，后来也学她的母亲，与平阳侯家中一位姓霍的管事私通，也生了一个孩子，就是霍去病。这样算起来，霍去病就是卫青的外甥，而两个人都是私生子。

霍去病还有一个同父异母的兄弟，即他父亲的正妻所生的孩子，后来也成了贵人。他就是汉武帝驾崩后，遗诏辅佐汉昭帝的大将军霍光。

这一家人两代私通，却出了一批贵人，影响了汉朝军政长达六七十年的时间。关于这件事的来龙去脉，司马迁也在《史记》中作了详细的叙述。为此，有人认为司马迁是在故意揭他们的疮疤，但事实上，如实记述历史正是史学家的责任，这也是司马迁作为一名大史学家的可贵之处。

（三）

早在公元前139年（建元二年），汉武帝在他的母亲王娡的原籍槐里县（今陕西兴平县东南）茂乡建造了自己的陵园，并将茂乡改为一个县，称为茂陵（今陕西兴平县东北）。

第二年，汉武帝便鼓励百姓移住茂陵，移住的每户给钱20万、田二顷；同时还在长安城北面西头的一个便门外建造便门桥，横跨于渭水之上。

由于茂陵位于长安西北的80里处，而便门桥就在长安西北的20千米处，长安人要出便门，经便门桥往茂陵，路都是直的，十分方便，因此茂陵也成为一个新的名胜区域。

公元前127年（元朔二年）4月，齐相主父偃向汉武帝谏言说：

"茂陵初立，天下豪杰兼并之家，乱众民，皆可徙茂陵，内实京师，外销奸猾，此所谓不诛而害除。"

这一建议既充实了茂陵，又抑制了天下豪强。汉武帝为了加强中央集权，巩固自己的统治，遂采纳了主父偃的建议，下令迁徙天下郡国豪杰及家产在300万以上的人前往茂陵。这样一来，茂陵不但成为皇家的游苑别墅，还成了封建王朝公开集中管制豪强的好地方。

当时，轵县（今河南省济源县）有一个名叫郭解的游侠，本来家境贫寒，不符合迁徙的条件。但郭解在民间的名声很大，因此地方官吏都不敢不点名要他迁居。

大将军卫青得知此事后，到汉武帝面前为郭解讲情，说郭解家贫，不符合迁居条件。但汉武帝反驳说：

"一个老百姓能有这样的本事，能让大将军帮他说话，可见他的家一定不贫！"

于是，郭解最终举家迁往茂陵。

随着秦汉的统一和中央集权制度的建立，带剑犯禁的游侠之士与百家之言的文士都必然会遭到打击和专政。司马迁一家虽然同样达不到迁徙标准，但由于司马迁的父亲司马谈在朝中为官，且为文化之士，汉武帝要钳制文人之口，便也要求司马迁一家迁往茂陵。这样一来，司马迁一家也在迁徙之列。

大概在迁徙过程中，司马迁遇到了郭解，并了解了郭解的为人和处事风范，从此对侠客豪杰有了崭新的认识，并对他们产生了一种特殊的推崇。

当郭解辞别故里，迁往茂陵之初，地方士大夫都纷纷筹资为其送行，声势异常浩大。到了关中，京师地区的士大夫听说郭解来了，也都争先恐后的前往结交。

一时间，郭解的名声倾动朝野，震撼朝廷。汉武帝认为郭解会对其封建统治产生不利影响，故而将其列为严惩对象。

恰在这时，郭解的侄儿杀了轵县绅士杨季主的儿子，因为郭解就是因为杨季主之子的举报才被迫迁徙的。不久，杨季主也遭到杀害。杨季主的家人上书朝廷，又被郭解的信徒杀害于宫阙之中。

这一系列的案件令汉武帝十分震怒，遂下令通缉郭解。但郭解已经事先得到消息，因此将母亲和妻子安顿在司马迁的故乡夏阳后，自己逃往临晋（今陕西大荔县）。临晋的一位名叫籍少公的人为了保护郭解，不惜自杀绝口，以掩护郭解脱险出关。

过了好久，郭解才被朝廷捕获。但经过审理发现，郭解所犯的杀人罪状皆在大赦之前，因此郭解又被释放了。

第二年，朝廷又派使者前往轵县调查郭解的案件。在招待使者的坐席上，有个儒生说了这样一句话：

"郭解专门为非作歹，违法犯纪，怎么还能说他是好人呢？"

结果不久，郭解的信徒又将这名儒生杀掉了，并割下了他的舌头。但这件事的确不是郭解所为，地方官吏也向朝廷上报，称郭解无罪。

此时，汉武帝一手提拔起来的丞相公孙弘已为御史大夫，他向汉武帝进谏说：

"郭解以一个普通百姓的身份，专门管人家的闲事，横行乡里，动不动就杀人。这桩杀人案他虽然不知情，但比他亲手杀人的罪过还大，该当按'大逆无道'论处。"

于是，汉武帝便以郭解的信徒无法无天、擒贼先擒王的理由，处死了郭解一家。

游侠郭解对年轻时期的司马迁的影响是无形的，但却是十分深刻的。后来，司马迁特写了《游侠列传赞》，以歌颂这样一个专门与王法作对的游侠，并借此歌颂了一切游侠。他在其中写道：

> 至于游侠，其行虽不轨于正义，然其言必信，其行必果，已诺必诚，不爱其躯，赴士之厄困。既以存亡死生矣，而不矜其能，羞伐其德，盖亦有足多者焉。

司马迁认为，游侠的行为虽然不合乎正统的封建道德，但对下层人民却十分仁义，言必行、行必果。游侠愿意为受压迫、受冤屈的下层人民伸张正义，甚至不惜牺牲自己的生命，这是值得肯定的。

纵观司马迁的一生，他所具有的强烈的正义感，爱抱打不平等性格特征，都与他青少年时代与游侠的交往与崇尚之情是有极大关系的。尤其是他不惧怕汉武帝的淫威，为李陵辩护，最终身受腐刑之苦，这种精神气质的最终形成，也与他青少年时期推崇游侠精神有关。

第三章　幸遇良缘

好学深思，心知其意。

——（西汉）司马迁

（一）

青少年时期的司马迁不但天资聪颖，还在父亲司马谈的教导下，刻苦攻读，进步很快，就连西汉著名将领、飞将军李广的孙子李陵都对他早有耳闻。也由于李陵对司马迁的赏识，还为司马迁引来了一段美好姻缘。

李陵（公元前134—前74年）之父是汉代飞将军李广的长子李当户（公元前158—前134年）。李当户早死，因此李陵实为遗腹子。

李陵成年后，被选拔为建章宫羽林军的长官，他擅长射箭，十分爱护手下的士兵。汉武帝因李家世代为将，便让他带领八百骑兵。

李陵曾带兵深入匈奴腹地1000千米，侦察地形；后又被任命为骑都尉，率丹阳郡的楚兵5000名，在酒泉、张掖一带教练射术，以防备匈奴侵边。

李陵有一位表妹，名叫柳倩娘，也就是飞将军李广的外孙女。她的母亲是李广的女儿，父亲柳振庭是当时的一位琴棋诗画都十分出色

17

的读书人，不但诗文写得好，还擅长书画，而且品性端直。中年时，柳振庭曾担任过县令，但由于过不惯官场逢迎折腰的生活，便回到家乡成纪（今甘肃泰安县以北），与那些庸俗的官吏断绝来往，在家中"设帐训蒙"，教起书来。

柳振庭只有倩娘这一个女儿，他爱若掌上明珠。据称，柳倩娘在父亲的影响和教导下，自幼聪敏，5岁时便跟随父亲学画，喜欢拿着画笔在墙上画各种小动物，10岁时就能画山水人物、花卉鸟木，在乡里十分出名，被乡人们夸为小画家。

柳振庭最喜欢画竹子，认为竹子"清白寒素，耿介孤直"，以竹表心明志。倩娘得父亲传授指点，所画的竹子在神韵上与父亲如出一辙。慕名登门求画的人，几乎将门槛都踏破了。父亲实在忙不过来时，就让倩娘代笔。倩娘所画的竹子，连一些行家都难辨真伪。

到了15岁时，倩娘便能通读《六经》，翻读《庄子》《离骚》等名著。在父亲的精心教导下，她的文章也被父亲的友人赞不绝口。

这一年，柳倩娘跟随母亲一起到长安看望外祖父李广，无意中在表兄李陵的房中看到了司马迁的文章，便佩服得五体投地，遂产生了拜师学艺的念头。她将自己的想法告诉表兄李陵后，李陵答应会安排她拜见司马迁。

有一天，李陵告诉倩娘，司马迁要过来拜访祖父李广，让倩娘藏在珠帘内，先看看司马迁的气度风采，然后再决定是否真要拜他为师。倩娘听了，十分高兴。

不久，李陵便带着司马迁进入府内，走到倩娘所在的珠帘前面。倩娘见司马迁身材魁梧，潇洒俊逸，说他是男子中的魁首都不算过誉，便不由自主地对司马迁产生了好感。

恰在这期间，外祖父李广的箭伤发作，倩娘便和母亲守在外祖父身

旁，照顾外祖父的生活。外祖父也十分喜欢倩娘，经常给她讲自己一生中所经历的文、景、武三帝抵御匈奴的故事。对外祖父为国为民、勇敢牺牲的精神，倩娘既敬佩又感动。

每天来李广府中探病的人很多，恰好贰师将军李广利也携带礼物前来探望。他见柳倩娘生得貌若天仙、体如轻燕，便想将倩娘纳为自己的小妾。

于是，李广利就找到李陵，向李陵言明，自己欲以重金聘倩娘为妾，希望李陵能够从中成全。

李陵虽然竭力推托，但最后还是不得不答应回去与姑母商议一下。柳倩娘一听李广利要纳她为小妾，宁死不从，并且不断埋怨李陵：

"若是早些安排我拜司马迁为师学艺，也好掩饰此事。就是李广利再厉害，也不能随便闯入太史府抢人吧？"

倩娘的话提醒了李陵。他马上找到司马迁，将此事向司马迁家人说了一遍。司马迁一家听说权奸李广利如此霸道，出于正义感，都愿意帮助柳倩娘摆脱困境。于是，李陵偷偷将柳倩娘送入司马迁家中。

不久，李广利便派人来催问李陵，李陵回复李广利说：

"姑母已经将倩娘指腹给司马迁了。"

李广利心里明白，这不过是李陵和司马迁设下的圈套，从中破坏自己的好事。此后，李广利便与李陵、司马迁结下了冤仇。

（二）

柳倩娘来到太史府时，司马迁正在帮助父亲整理一部分文稿，同时也整理他所收集的一些历史资料。他见倩娘聪明勤快，便让倩娘帮助他缮写校正。

三个月后，司马迁按照父亲的安排，准备外出漫游，开阔眼界，为将来步入仕途、著书立说奠定基础。这时，司马迁虽然年仅20岁，但也算是饱学多艺了。加之他天性聪慧，喜欢幻想，在文史上有囊括一切的抱负。对于这次出游，他十分感兴趣。

但是，走访名山大川和历史名胜，身边需要有一位高明的画师，好协助他做好实地记录。柳倩娘知道此事后，自告奋勇地要求承担这一职责。此时，她只是个17岁的姑娘，司马迁根本不相信她有这样的才能。

柳倩娘很着急，她不愿放过这次与司马迁一起同游的好机会，便说道：

"如果你不信，现在你就坐好，我画你的影相，当面作个考试。"

一杯茶的功夫，司马迁的影相就画成了。司马迁拿过来一看，画上的人不但与自己的外形十分相似，就连自己的精神气质都被画出来了，不由得连连称赞。

在柳倩娘的极力要求下，司马迁终于同意让她与自己一起出游了。此后，两人一起走访了名山大川和历史名胜，先后到达江淮、庐山、九嶷山、长沙等地，边走访边收集史料，还为史料制图而风餐露宿，这些努力为司马迁日后撰写《史记》积累了详实而有价值的史料。

返回长安后，经父母同意，司马迁与柳倩娘成亲了。婚后，柳倩娘不仅勤劳地操持家中的一切事务，还在司马迁整理父亲和自己壮游长江南北、出使西南及扈驾遍游全国所得的史料时，帮助司马迁落实考证资料。后来，司马迁被判宫刑后，柳倩娘更是无怨无悔地鼓励司马迁努力完成父亲的遗志。

司马迁入狱后，柳倩娘还为其保藏《太史公书》，更是忍痛离别丈夫，改名换姓，返回到司马迁的故乡韩城，遁入空门。

司马迁遇难后，她与儿子司马临、司马观，通过女婿杨敞、外孙杨恽等人，将司马迁的骨骸运回故乡安葬，并植柏为记，朝夕相守。

早在公元310年建立的司马祠中，是没有司马迁的塑像的。直到公元1125年，韩城县令尹阳应当地乡贤与司马族人的请求，主持修建了太史司马迁祠。

在祠中，需要悬挂司马迁的画像，尹县令翻遍宋版典籍中所有司马迁的画像，都是司马迁被处以宫刑后无胡须的"妇人像"。司马族人不同意在司马祠中挂这样的画像，希望能够找到司马迁以前未处以宫刑前的画像。

在与司马迁共同生活期间，从司马迁20岁开始一直到他55岁，柳倩娘每年都会给司马迁画一张年谱像，共画了35幅。在48岁之前的画像中，司马迁都是黑须垂洒，怡然飘胸。但这些画像在司马家族惨遭劫难中不幸散失了。

后来尹县令四处打探，终于在芝川乡间觅得司马迁壮年时的一幅留须画像。画像线条细腻流畅，容貌逼真传神，正是柳倩娘所画。

尹县令将画像拿来请司马族人辨认。一见画像，司马族人纷纷拜倒在地，失声痛哭。根据这一画像，尹县令举荐曾为孔子塑像的大师为司马迁塑像。而这一切，都与司马迁的夫人柳倩娘是分不开的。

　　在父亲司马谈的严格要求下，司马迁10岁时就能阅读古代的史书了。父亲希望儿子可以读好书，将来出人头地。因此有一天，父亲把司马迁叫到跟前，指着一本书说："孩子，近几个月，你一直在外面放羊，没怎么学习。我也公务缠身，抽不出空来教你。现在趁饭还不熟，我教你读书吧。"

　　司马迁看了看那本书，又望了望父亲，说道："这本书我已经读过了，请您检查一下，看我背诵得对不对？"说完，司马迁认真地把书从头至尾背诵了一遍。

　　听完司马迁的背诵，父亲感到非常奇怪。他从没看到司马迁读这本书，也没有教过他读，司马迁是怎么会背诵的呢？他百思不得其解。

　　第二天，司马迁赶着羊群在前面走，父亲在后边偷偷跟着观察。司马迁赶着羊群来到一片水草丰美的洼地，然后等羊开始吃草后，就从怀中掏出一本书阅读起来。看着这一切，父亲全明白了。他高兴地点点头，说道："孺子可教！孺子可教！"

第四章　万里游历

不飞则已，一飞冲天；不鸣则已，一鸣惊人。

——（西汉）司马迁

（一）

公元前127年（元朔二年），司马迁19岁。这一年，在楚汉争霸期间被匈奴冒顿单于夺去的河南地，又被卫青所率领的军队夺了回来。

所谓河南地，也就是河套或鄂尔多斯高原。这个可以说是汉朝和匈奴强弱表现的测定计，得者为强，失者则为弱。河南地的夺回，也显示了连续六七十年以来匈强汉弱形势的扭转。

年轻的司马迁自然会被国家兴旺带来的热烈气氛所感染。而他的学习生涯，也在这一年前后有了较大的改变。

司马迁的父亲司马谈此时已是太史令。太史令的上司，就是九卿之一的太常，当时担任太常的是孔臧。孔臧的堂弟是汉代大儒，孔子的第十二世孙孔安国，是当时著名的古文学家。

此时，孔安国的职位是侍中。侍中是一种加官，就是在原来正规官职以外另外加的官名，有侍中、左右曹、给事中等。加了这些官名的官员，就有出入皇宫的权力，可以经常伴随在皇帝左右。其中，又以加"侍中"最为尊贵。

或许由于孔安国为诗中，经常在宫中走动，而他的堂哥又是司马谈的顶头上司，因此孔家与司马家十分熟悉，司马迁因此"得从安国那里见到孔家所独传的历史宝典古文《尚书》"。

同时，司马迁在京师期间还结识了当时最为著名的经学大儒董仲舒。董仲舒是一位今文学的专家，与孔安国刚好相反，尤其精通《公羊》《春秋》等。据司马迁自己说，他后来创作《史记》的精神及义法，就是因为获得了董仲舒的启示。《史记》最后一卷《太史公自序》中，司马迁所写的"余闻董生曰"的"董生"，就是指的董仲舒；生，是指先生。可见，司马迁当时以后学自居，对董仲舒是十分尊敬的。

此时的司马迁，既体会到了国家对外作战初获胜利的兴奋与喜悦，也获得了与当时鸿儒学习讨教的机会，因此，进入成年的司马迁也拥有了大国臣民的情怀。这时的他，是个盛世的娇儿，拥有浪漫的气质，对普天之下的壮美山河充满了热切的向往，意欲游历四方，饱览名川大山的秀美风光，丰富自己的人生阅历。

于是在第二年，即20岁的时候，司马迁停止了古文经传等简编的诵读，去访问名山大川，接触伟大祖国的土地与人民，实地考察古代和近代的历史。这种敢于实践的精神，在2000多年前是多么难能可贵啊！

据说在司马迁13岁时，就曾奉父亲司马谈的命令，乘坐"传车"（一种专供官吏等人乘坐的马车）遍行天下，搜求古代诸侯的历史。这种说法在年龄上有些错误，但至少说明了司马迁20岁开始漫游的原因。

此次游历，对司马迁日后完成《史记》具有很大的帮助。为此也有人推测，司马迁的这次游历是奉了父亲的命令，到东南各地收集史料去了。

由于游历时正值青春之年，所以司马迁的此次漫游也被称为二十壮游。

（二）

司马迁从京师长安出发，南下漫游，开始了他的游历生活。虽然古代的交通不便，困难重重，但司马迁并不介意，而且壮游也是他经过深思熟虑并有所准备的。

首次漫游，司马迁心目中的游历重点是要对一些历史名人古迹进行实地的考察，寻找历史轨迹，了解历史发展的规律。

关于其中的经过，《史记·太史公自序》中只用了51个字，《汉书·司马迁传》中只用了49个字来简单叙述。不过，在《史记》的其他卷帙中，却常常会提到这次游历的所见所闻。如果仔细加以排比，大概也能够组成一系列的画面，同时也可以看到一些司马迁的思想变化痕迹。

司马迁此次壮游的目的地是南方。他从京师出发后，向东南方向行进，出武关至宛，随后南下襄樊到达江陵。渡江，溯沅水至湘西，然后折向东南到达九嶷；随后北上长沙，到汨罗江屈原沉渊处凭吊；越过洞庭，出长江，顺流东下；登庐山，观禹疏九江，辗转到钱塘，上会稽，探禹穴；还吴，观赏春申君宫室；上姑苏，望五湖，之后又北上渡江，过淮阴，到达临淄、曲阜，考察齐鲁地区的文化，观览孔子留下的遗风，结果受困于鄱、薛、彭城，然后沿着秦汉之际风起云涌的历史人物故乡，楚汉相争的战场，经彭城，历沛、丰、睢阳，到达梁（今河南开封），返回长安。

此次游历途中，司马迁跨越陕、鄂、湘、赣、苏、浙、皖、鲁、豫

9个省区，行程达1.5万多千米，历时约两年。这次有目的、有计划的漫游，也让司马迁身临其境地接触到了祖国壮美的山河和各个地区的生活习俗等，了解并搜罗了古代、近代及当代的历史传说故事、各种史料等，圆满地完成了漫游任务。

司马迁漫游的第一站，就是江淮地区，也就是现在的江苏省和安徽省北部一带。他来到淮阴侯韩信的故乡，其故城在今江苏北部淮阴县南边。在这里，司马迁专门拜访了当地的老人，向他们了解韩信年少困难时的情况。《史记·淮阴侯列传》大约就是司马迁在这次漫游时形成的腹稿。

在这篇传记中，司马迁最后说，他到淮阴的时候，淮阴人曾告诉他说，韩信在早年仍是个平民时，就胸怀大志，其志向与他人不同。母亲去世的时候，韩信穷得没办法为母亲办丧事，可却将母亲的坟墓筑得高高的，而且占地很大，大到坟墓旁足够建造万家人住的房子。

司马迁听说后，还特意去参观了韩信母亲的那个大墓地，见其果然如乡人所告诉他的那样。因此，他写道：

"余视其母冢，良然！"

意思是说，他亲自去看了韩信母亲的坟冢，果然如乡人所说的那么大。在这里，司马迁收获颇多。

离开淮阴后，司马迁继续南行，来到了现在浙江绍兴东南方向6.5千米的会稽山。在未到达会稽山之前，他提前参观了战国时代四公子之一、楚国公子春申君的故城宫室。

到达会稽山后，司马迁首先去看了"禹穴"。这里是一个大山洞，据说大禹曾经在这里居住过，而会稽山也是大禹当年会见天下诸侯的地方，山上有禹王庙，山下有大禹陵墓。

除了大禹会见诸侯外，大禹的后代越王勾践也曾在这里卧薪尝胆。

因此，司马迁的《越王勾践世家》可能也是以在这里听到的一些故事作为材料写成的。

而会稽山的背面，太湖一带，是当年吴王夫差的故地，司马迁也去探访过。回到长安后，司马迁将这些材料整理出来，编写出春秋末年吴越争霸的文字。

（三）

离开会稽山，司马迁又沿长江逆流而上，来到洞庭湖畔的长沙。长沙的北面，在今湘阴县以北，就是楚国屈原怀石自沉的汨罗江了。

在这里，司马迁凭吊了屈原和贾谊的遗迹。后来，司马迁据此写了《史记·屈原贾生列传》，创造了将不同时代的人物合传的形式。

屈原和贾谊两个人虽然不是同时代的人，但二人的遭遇却有不少共同之处。他们都是才高气盛，又都因忠被贬，在政治上都不得志，在文学上又都成就卓著。所以，司马迁才把他们同列于一篇。

在《史记·屈原贾生列传》中，司马迁首先写了屈原，称屈原"博闻强志，明于治乱，娴于辞令"，但也因此而深受上官大夫的嫉妒。上官大夫向楚怀王进谗言，致使怀王疏远屈原。

被贬之后，司马迁开始极力表现屈原忠君爱国的一腔热血和满怀赤诚：

> 屈平既嫉之，虽放流，眷顾楚国，系心怀王，不忘欲反，冀幸君之一悟，俗之一改也。其存君兴国而欲反覆之，一篇之中三致志焉。

但屈原最终也未能让楚怀王觉悟，反而还因此得罪了令尹子兰，惨

遭放逐。

屈原被放逐后，司马迁又重点写了他的死。"举世混浊我独清，众人皆醉我独醒"，这是一种伟大的、难得的孤独，唯有坚强者方能如此，唯有高尚者方能如此。所以，屈原才表示：

> 吾闻之，新沐者必弹冠，新浴者必振衣，人又谁能以身之察察，受物之汶汶者乎！宁赴常流而葬乎鱼腹中耳，又安能以皓皓之白而蒙世俗之温蠖乎！

就这样，屈原怀抱沙石，沉江而死，实现了自己"伏清白以死直"（《离骚》）的诺言，其正直刚烈堪称千古之冠。

对于贾谊，司马迁首先表现了他的过人才华：

> 是时贾生二十余，最为少。每诏令人，诸老先生不能言，贾生尽为之对，人人各如其意所欲出。诸生以为能，不及也。

汉文帝也非常欣赏贾谊，破格提拔他为太中大夫。随后，贾谊又提出改正朔、易服色、法制度、定官名、行礼乐等革新主张，但却遭到周勃等老臣的反对。他们攻击贾谊"年少初学，专欲擅权，纷乱诸事"。因此不久，贾谊就被汉文帝贬到了长沙，任长沙王太傅。

贾谊到长沙后，司马迁重点写了他郁郁不快的情怀，而在表现时，又大多借贾谊自己的辞赋来直接抒发，如其《吊屈原赋》云：

> 斡弃周鼎兮宝康瓠，腾驾罢牛兮骖蹇驴，骥垂两耳兮服盐车。章甫荐屦兮，渐不可久。嗟苦先生兮，独离此咎！

这哪里是独吊屈原，贾谊亦何尝不是如此？不然，他又怎能年纪轻轻就忧郁而死呢？

司马迁将《屈原贾生列传》写得饱含感情，行文幽抑哀惋。正如他自己所说的那样：

"余读《离骚》《天问》《招魂》《哀郢》悲其志。适长沙，观屈原所自沉渊，未尝不垂涕。"

可见，司马迁在此次漫游中，是满怀深情来凭吊屈原和贾谊的。而司马迁自己也同样才高气盛，日后也因忠而遭受不幸，所以他表面是在写屈原、贾谊，实际也是在写他自己。他在《报任安书》中写道：

盖西伯拘而演《周易》，仲尼厄而作《春秋》，屈原放逐，乃赋《离骚》，……《三百篇》大氏圣贤发愤之所为作也。

（四）

从江浙一带到两湖盆底，司马迁随后又转向山东，来到鲁国的都城，即今天的山东省曲阜县。这里是司马迁十分敬仰的伟大人物——孔子的故乡。

司马迁在这里参观了城北泗上的孔子墓，墓地有一顷大。据当地人说，孔子死后，他的弟子和鲁国人搬来居住的就有百余家。此后，鲁国人代代相传，每年按照一定的时节来祭拜孔子墓，一般儒生也常来这里讲习饮酒和射箭的古礼。

孔子生前所居住的地方，此时已经改为孔子庙，里面陈列着孔子的衣、冠、琴、车、书等物品。司马迁很早就读过孔子的书，此时参观了孔子的庙堂、车服、礼器等遗物，又看到在孔子遗风影响之下，儒生们按时习礼的情形，这一切都令司马迁对孔子产生了无限的崇敬之情。

公元前219年，秦始皇东行郡县，上邹峄山，并曾刻蚀颂德，然后与鲁儒生谈论封禅望祭山川之事，然后又封泰山，禅梁父。

秦始皇两次南巡这件事，司马迁无疑是知道的。因此在南游途中，他也曾在邹县停留下来，游览峄山，并在这里学习饮酒、射箭等礼节。

由此向南，司马迁又经过了孟尝君田文的封邑——薛的故城（今山东滕县东南）。从薛县再向南，就到了著名的彭城（今江苏徐州市）。这里曾是秦楚、楚汉战争的必争之地，也是赫赫有名的西楚霸王项羽的都城。在这里，司马迁自然要游访一番，并在淮北地区对沛丰一带的汉史作了细致的寻访调查。

比如，陈涉少为庸耕，有鸿鹄之志；汉高祖刘邦青年时的种种不当行为；鸿门宴上的壮士樊哙原是个卖狗肉的；汉初丞相曹参曾为沛狱掾；丞相萧何曾为监狱主簿；滕公夏侯婴原是沛县的一个车夫；丞相周勃原以织"薄曲"（一种养蚕的器具）为生；等等。这些故事可能都是司马迁以前闻所未闻的。

游览完沛丰一带后，司马迁又转向西行，来到河南的开封。开封就是战国时期魏国的首都大良，当地人又向他述说了当年魏国灭亡的景象。后来，司马迁在《魏世家》中这样写道：

> 吾适故大梁之墟，墟中人曰："秦之破梁，引河沟而灌大梁，三月城坏，王请降，遂灭魏。

意思是说：秦之所以能攻破梁，是因为引河沟（渠名，也称鸿沟）之水灌溉大梁，三个月后，城墙就坏了，魏王只好请求投降，魏国就这样灭亡了。

过了大梁再向西，司马迁大概就没有再去其他地方，一直返回了长安。

　　司马迁的这一次长途漫游，可谓是一个壮举，也是一个创举。他游历了祖国的广阔山川，接触到广大的人民，考察了历史遗迹，了解了许多历史人物的逸事，也了解了许多地方的民情风俗及经济生活，既开阔了眼界，又扩大了胸襟，增长了见识和才干。这对于他日后整理"六经异传"和"百家杂语"的伟大工作，无疑有着极大的帮助。

　　尤其重要的，是司马迁在彭城、沛、丰一带的漫游收获，对他后来描写秦楚、楚汉战争的形势，以及以刘邦为首的汉王朝初期统治集团的面貌等，都产生了重要影响。

第五章　担任郎官

反听之谓聪，内视之谓明，自胜之谓强。

——（西汉）司马迁

（一）

司马迁漫游归来后，便在京师拜师求学。

司马迁首先师从董仲舒学习儒学。当时，董仲舒的思想体系是著名的天人合一目的论，基本是一个唯心主义的哲学体系。但是，他并非一个神学论者。董仲舒所论证的天人合一，其目的在于构建天地万物归于一元的统一世界，是为秦汉大统一的政治服务的。他所提出的"三纲五常"伦理，无疑也给古代劳动人民套上了神权、君权、父权、夫权的四大枷锁，具有一定的历史局限性。但同时，这又是当时的中央集权所必需的，对封建统治起着一定的凝聚作用。

同时，董仲舒在政治上也提倡仁政，主张新王改制，薄赋敛，省力役，耕者有其田；又提出兴学校，举孝廉，保证贤人从政，宣扬行善得众，贵德重人等思想。这些都是当时十分先进的思想，在西汉政治史上产生了很大的影响。

司马迁为了提升自己的素养，跟随董仲舒学习，并接受董仲舒的思

想，成为前期公羊学派中的重要人物。但是，司马迁善于学习，勤于思考，不盲从于任何学说，即使是当时大名鼎鼎的老师董仲舒也不例外。

因此，司马迁既接受公羊学的一些思想，也对其中的一些思想观点给予了一定的批判。比如，他吸收了其中"尊王攘夷"、主张"都一统"的思想，但怀疑和讽刺其中的灾异学说，批判公羊学思想中的讳饰态度。

这样一来，司马迁便从中取其精华，去其糟粕，使其中的一些积极健康的思想成为日后编写《史记》时褒贬历史人物的重要标准。

当时，在学术思想史上，一些学术思想正经历着从百家争鸣走向百家糅合的一统。司马迁不但积极跟随董仲舒学习，还认真研究这一时期以来学术思想发展变化的历史。

春秋战国时期，由于政治、经济的分裂，学术思想形成了百家争鸣的局面。但到战国中后期，儒学大师荀子主张"礼法并重"，其实是主张儒家与法家的合璧，从而形成了一种主宰社会的意识形态。

汉王朝建立后，从汉惠帝到汉文帝、汉景帝，虽然都以黄老思想来统一天下舆论，但在一些士大夫中仍进行着糅合百家的动议。

到了汉武帝时期，大一统的局面得到了巩固，经济空前繁荣，文化思想上的大一统思想更是被提到议事日程之上。汉武帝虽然"罢黜百家，独尊儒术"，但主张互学互存的思想依然存在。

其中，司马迁的父亲司马谈就是主张糅合百家派的代表人物。司马谈所著的《论六家要旨》看似推崇道家，其实是要求以道家为主，糅合百家中的阴阳、儒、墨、名、法等各家思想。司马迁后来"整齐百家杂语"，从糅合百家的角度来看，也是继承了父亲的这一思想，只是着重点从道家移向了儒家而已。

司马迁还认真地考察了孔子、荀子、孟子等儒家学派代表人物的思想，并从中获取了不屈的奋进精神和济世精神。尤其是孔子的"知其不可而为之"的思想，更是成为司马迁毕生巨大的精神鼓舞。

另外，司马迁还从阴阳家、纵横家、兵家等诸家中吸取了很多重要的思想，而他的最伟大的著作《史记》，其成功之处也在于客观地展开了各领域、各派别、各阶层人物的思想。

因此，司马迁的成功应该是得益于百家，得益于他正确的思想方法，即善于吸收前代人和当代人的思想营养，并着力于自我完善与提高，从而最终成为中国史学上的第一人。

（二）

司马迁在《史记·太史公自序》中说，自己漫游归来后，"于是迁仕为郎中"。他东南游历回来后，就踏入仕途，担任郎中。但究竟是哪一年，并没有记录。

司马迁游历时是20岁，以当时的交通工具，游历大半个中国用上一两年的时间是有可能的，因此他回到长安时应该有二十一二岁了。

而在司马迁22岁这年，即公元前124年，汉武帝在朝中实施了一项建设性的措施——为博士置弟子员，即为博士招收学生。

早在司马迁11岁时，汉武帝就采取了董仲舒的建议，将各家各派的博士一律取消，只留下儒家的五经博士。这一次提出为博士招收学生的人是公孙弘。公孙弘表面是个儒家，但实际是个杂家，而且法家的成分也很大。

在实际政务方面，汉武帝根本不重用儒生，但独独对公孙弘另眼相看，并任命公孙弘为丞相，这其实也是因为他的法家内涵更重的缘故。

公孙弘此次提出为五经博士招收学员，显然是将先前的"独尊儒术"政策变得更为具体，令学习儒学与人事官道相互关联，规定学生毕业成绩优异的可以为"郎中"。而通五经中的一经以上者，即可委派职务。

司马迁担任郎中职，应该就是由这个官道当上的，因为郎官（郎中是郎官的一种）一职的来源有以下几种：

一、汉朝官吏的等级是以所领的俸米来区分的。俸米的单位为"石"，最高为三公，属于"万石"级别，接下来是两千石、千石、若干百石等。所谓若干石，并非说能领取若干石的米，实际发放时是要打折扣的，其单位为"斛"。"斛"和"石"同样为十斗，万石的大官，每月实际也只能领350斛。按规定，凡两千石以上的官吏，就可以将自己的儿子或兄弟选送为郎。

二、家财达五百万石以上的。

三、具有特殊技能的。

从原有的这三种途径看来，司马迁是不可能入选的。他的父亲司马谈在朝中为太史令，俸禄不过六百石，距离两千石的标准还远着呢！

而以这样的收入，第二种途径也是不可能的。至于第三种途径，司马迁就更不可能了。

所以，司马迁应该是在博士置弟子员这个新办法公布之后，因成绩特别突出，才有机会由博士弟子被选为郎中的。

当然，郎中也不过是汉朝宫廷内部庞大官僚机构中的一个小官。就郎官的系统来说，有议郎、中郎、侍郎、郎中四等，皆无一定名额，可以多达上千人。就其俸禄标准来说，议郎、中郎秩比六百石，实领60斛；侍郎比四百石，实领45斛；郎中比三百石，实领37斛。

另外，中郎还有五官、左、右三将，秩皆比两千石，实领百斛；郎中也有车、户、骑三将，秩皆比千石，实领80斛。

由此可见，郎中一职在郎官系统中是最低一级的小郎官了。

（三）

郎官的通常职务是"掌守门户，出充车骑"。也就是说，皇帝不出去的时候，他们是宫门武装执戟的侍卫；皇帝出去的时候，他们就是车驾旁边的侍从。

这些郎官的来头很多，各种各样的人都有。大约由于两千石高官担保子弟为郎和富人以家资为郎的特别多，因此董仲舒才在《贤良对策》中表示异议，认为这些来头的郎官未必都是有真才实学、德行高尚的优秀分子。

在宫廷内部，郎官能够直接亲近皇帝，因此平时也很光彩。一旦由内廷外调，也能得为"长吏"。所以，郎官这一职位也成为许多富家子弟追求仕途的目标。

司马迁初入仕途，虽然做的官只是一个职位最低的小郎官，但由一个"近乎卜祝"的史官的儿子，一下子变成汉武帝身边的亲信，那也是很不容易的一件事了。

担任郎官以后，司马迁便与宫廷中的其他各色官吏一样，经常服侍在皇帝身边。汉武帝走到哪里，他就要跟到哪里，这也是他的经常职务之一。

公元前133年（元光二年）10月，汉武帝第一次出巡到雍，祭祀五帝。此后10年之内，武帝都在忙于加强内部统治和北方匈奴的防御和反攻，一直没有再出巡过。

直到公元前122年（元狩元年）和公元前121年（元狩二年）的10月，汉武帝才又出巡到雍，举行五帝的祭祀典礼。这正是司马迁为郎

中时稍前的事。后来，汉武帝对于祭祀天地之事越来越感兴趣。

公元前113年（元鼎四年）10月，汉武帝开始出巡郡县，并照旧到雍地祭祀五帝，之后又折向东北，从夏阳到河东。这期间还发生了一件让汉武帝颇感意外的事。河东郡（今山西夏县北）没料到皇帝会忽然驾临，来不及准备供应，一着急竟然自杀了。

随后，汉武帝又到汾阴（今山西省万荣县境内），立了后土祠，并举行祭祀礼，一切仪式都是太史令司马谈和祠官宽舒议定的。

礼毕后，武帝又南渡黄河，取道荥阳（今河南荥泽县西南）西返，来到洛阳，并下诏说：

"祭地冀州，瞻望河洛，巡省豫州，观于周室……"

很明显，汉武帝此次周游河洛，司马谈和司马迁父子都是跟随着的。第二年，即公元前112年10月，武帝在"行幸雍，祠五畤"之后，忽然心情大好，西过陇坂（山名，位于陕西陇县和甘肃清水县境内），结果陇西郡（今甘肃临洮县南）太守也因为来不及准备供应，一着急又自杀了。

不久，汉武帝又登上崆峒山（在今甘肃平凉县西），北出萧关（今甘肃固原县东南），与数万骑一起在新秦中（今内蒙古河套一带）地区狩猎，然后回到甘泉。

后来，司马迁在回忆时说：

"余尝西至空桐（崆峒）。"

说的就是这一次侍从汉武帝西登崆峒山的事情。

　　《史记》定稿后，司马迁想到书中言及汉高祖刘邦和文、景两帝的许多缺点，若被汉武帝看到，定然会大怒。遭遇杀身之祸他不怕，怕的是书被焚毁，让他的一生心血毁于一旦。因此，司马迁便与夫人柳倩娘商议，要柳倩娘誊写一份副稿，送回家乡隐藏。到了清明节时，司马迁借还乡祭祖的时机，把《史记》的副稿分装在妻子儿女所坐的轿子里，转回了家乡。司马迁去世后，这部副稿的内容才得以逐渐流传。

第六章　出使西南

一死一生，乃知交情；一贫一富，乃知交态；一贵一贱，
交情乃见。

——（西汉）司马迁

（一）

做了郎官之后，司马迁还有幸结识了司马相如。与司马迁一样，司马相如也是汉武帝时期的文坛巨匠，而且司马相如对司马迁的才学也颇为赏识。

但是，司马迁虽然与司马相如彼此友好，却对他奉汉武帝之命出使西南，镇压少数民族以开边的行为颇有微词。

在汉武帝身边侍奉久了，司马迁看到了年轻气盛的汉武帝开拓疆土、独尊天下的政治野心，并逐渐开始反对汉武帝穷兵黩武的拓边行为。而且，这一反对也逐渐成为司马迁政治生涯中的一道亮丽的主线。

在如今的云南、贵州和四川省的西北部，散布着许多少数民族部落，古代统称其为西南夷。其中，活动于贵州西南的有十几支，以夜郎最为强大。由此向西，在滇池一带也有十几支，其中以滇最为强大。滇国西面，在洱海的附近，则有嶲、昆明等部落。再向北，从今川西到滇西地区，又有几十支，以徙、邛都最大。在今四川西北部到甘肃南部，还有几十支，以白马最大。夜郎、滇、邛都等地，均以从事农耕为主，有城邑和君长，其他地区则多以游牧为主。

汉代初年，由于政府力量薄弱，就将西南的统治范围收缩到巴蜀地区。巴蜀以外，则干脆一概置之不顾。

直到公元前135年，番阳令唐蒙向汉武帝上书说：

"南越地盘甚大，一旦反叛，便难以驾驭。不如从巴蜀修路，直通夜郎，将来从夜郎顺群舸河发兵，即可出其不意抵达番禺。这样一来，南越就容易制服了。"

汉武帝觉得唐蒙的计划很有道理，当下就任命唐蒙为中郎将，并准许他带领巴蜀一带的千余人，从巴蜀出发去招降夜郎。

唐蒙到了巴蜀后，不但得到了千人随往，还发动一万多巴蜀百姓为其向南越转运粮食，违抗者即以军法制裁，以致巴蜀百姓大为惊恐，或逃亡，或自杀。

汉武帝听到这个消息后，担心激起民变，便叫郎官司马相如赶紧去责备唐蒙，并向巴蜀地区的百姓说，这不是皇帝的意思，只是唐蒙个人的不当行为。

司马相如在他所写的文告中，一面说唐蒙"发兵兴制，惊惧子弟，忧患长老，郡又擅为转粟运输，皆非陛下之意也"，一面又说"当行者或亡逃自贼杀，亦非人臣之节也"。

司马相如的这篇文告，真正代表了汉武帝欺骗百姓的行为。其实，唐蒙此时已经由巴郡（今四川重庆市以北）的符关（今四川合江县以西）进入夜郎，会见了夜郎侯多同。

夜郎一向与中原没有任何联系，对中原地区更是缺乏了解。因此，夜郎首领多同见到唐蒙后，居然问道：

"汉朝与夜郎相比，究竟谁大？"

后来，这句话便流传下来，形成了"夜郎自大"这个成语，意思是目光短浅，骄傲自大，不知道外面的世界有多宽广，只以为自己的地盘才是最大的。事实上，夜郎首领不知道，自己统治的夜郎国只与汉朝的一个县差不多大！

唐蒙听了夜郎首领的话，虽然心中暗暗好笑，但依然十分详细地向夜郎人介绍了汉朝的情况，让夜郎人简直听得目瞪口呆。

而且，夜郎人对唐蒙从汉朝带来的财物也十分喜欢，不由得对中原心驰神往，纷纷表示愿意归附汉朝。不久，汉武帝便将夜郎地区归犍为郡，并让唐蒙负责治理。

（二）

公元前130年（元光五年），汉武帝又开始征发巴蜀百姓修筑通往南夷的道路，从犍为郡的治所僰道（今四川宜宾市西南）直通牂牁江，以控制夜郎。

这时，西夷的邛（今四川西昌县）、筰（今四川汉源县）等地的君长，听说南夷与汉朝交往，得到了汉朝的不少财物赏赐，很有好处，因此也表示愿意归附汉朝，请求汉朝派遣官吏前来治理。

汉武帝有些拿不定主意，就问司马相如是否可行。司马相如认为：邛、筰等族都散居在蜀郡附近，道路易通。如果在这些地方建立郡县，比南夷更容易治理。

于是，汉武帝就任命司马相如为中郎将，代表汉朝去与西夷通好；又派王然于、壶充国、吕越人三人为副使。四人很快就来到了蜀郡治所成都，与西夷进行谈判。

司马相如利用他的三寸不烂之舌，软硬兼施，终于令这些部落首领臣服于汉朝。汉武帝闻讯后，十分高兴，立即在西夷设置了一个都尉、十几个县，附属于蜀郡。

一直到公元前126年（元朔三年），即司马迁20岁南游的那一年，汉武帝才因为正筑朔方城（今内蒙古杭锦旗北）抗击匈奴，从而听从公孙弘的建议，专力对付匈奴，对西夷地区的治理完全放弃，仅在南夷置两县一都尉，令犍为郡能自己保住就行了。

过了13年，即到了公元前112年（元鼎五年）4月，南越相吕嘉杀掉了南越王赵兴及王太后，并杀了终军等汉朝使者，汉武帝才大举出兵攻打南越。

第二年冬，汉武帝东行，行至左邑桐乡时，前方传来捷报，称番禺（南越都城，今广东广州市）已破。汉武帝十分高兴，于是在这里建立了一个县，并亲自取名为闻喜县（今山西闻喜县西南）。

当行至汲县的新中乡时，又得报称汉军已获得吕嘉的首级，汉武帝更加高兴，遂又在这里建立了一个县，取名为获嘉县（今河南新乡县西南）。

南越攻破后，汉朝兵威震动西南，夜郎、邛、筰等族先后请求归附。于是，汉武帝又在西南少数民族地区建立了5个军郡。

然而，汉武帝的穷兵黩武、好大喜功，以及唐蒙、司马相如等臣属的曲意逢迎，引起了司马迁的极大不快和对国事的深深忧虑。

司马迁认为，开发西南夷道的士兵只有千人，但为他们运作供养的人却要万余以上，粮食也都要从几千里外的中原地区运送过去，成本太高了，根本是得不偿失，反而还加重了劳动人民的负担，使劳动人民在经济与政治上承受了更加沉重的压迫。

由于司马迁身为汉武帝的扈从，因此也能更加深入地了解君主的

言行，这也令他的政治视野变得更加宽广和开阔，在政治上也逐渐走向成熟。

在司马迁看来，汉武帝已经不再是那个被神秘光环所笼罩的君主了，而是一个不可一世，要以武力一统天下的狂傲的君主。这也令司马迁对国家的忧虑之心日渐强烈。而且，他这时的忧虑也已超越了个人的小我，上升到为国家、百姓和君主而忧虑的层面之上了。

（三）

司马迁反对汉武帝的穷兵黩武，主张民族之间的平等和解，这一思想对他出使西南夷，安抚西南，搞好民族关系起着十分重要的作用。

公元前112年（元鼎五年）10月，汉武帝派遣司马迁出使西南夷，代表汉王朝去视察和安抚西南地区的少数民族。

这一使命对司马迁来说非同小可。通常来说，作为使节出使诸国的，都是由一些皇帝信任的王公大臣担当，是极为荣耀的事。不过，司马迁的祖上也曾征战过西南巴蜀地区，在那一带颇有影响，这也可能是汉武帝派遣他去的原因之一。据记载：

"秦（惠王）使（司马）错将兵伐蜀，遂拔，因而守之。"

司马迁的十世祖司马错将蜀国的版图并入秦国，后来又被委任为蜀守，应该说在祖国统一大业上是有很大功绩的。

元鼎六年正月，司马迁从获嘉县出发，首先来到柯郡，而后又到达西南夷境内，再由昆明前往笮地。

经过一段时间的考察探索，司马迁基本将西南夷地区的地理状况和各族的分布情况弄清楚了。在后来所写的《史记·西南夷列传》中，司马迁写道：

43

西南夷君长以什数，夜郎最大；其西靡莫之属以什数，滇最大；自滇以北君长以什数，邛都最大：此皆魋结，耕田，有邑聚。其外西自同师以东，北至楪榆，名为嶲、昆明，皆编发，随畜迁徙，毋常处，毋君长，地方可数千里。自嶲以东北，君长以什数，徙、筰都最大；自筰以东北，君长以什数，冉駹最大。其俗或士著，或移徙，在蜀之西。自冉駹以东北，君长以什数，白马最大，皆氐类也。此皆巴蜀西南外蛮夷也。

在2000多年前，一个使者能够将如此广袤地域内的各族分布状况弄清，是一件非常不容易的事。而司马迁为了弄清各民族的分布状况，也的确花费了巨大的精力。

在弄清西南夷地区的地理状况及各少数民族的分布情况后，司马迁便开始着重了解西南夷一带的民俗风情，以便与这些地区的百姓搞好关系。

由于这一地区特殊的地理位置，与外界交往甚少，因此历来被中原人视为神秘地区。为了揭开这里的秘密，司马迁亲自走访了西南夷各地，进行了大量的实地考察。

经过考察，司马迁将涉及四五个省域的地方分为以下几个风俗种类：

第一类：包括夜郎、滇、邛等地，风俗为魋结、耕田、邑聚，是以农耕为主的民族。

第二类：包括嶲、昆明等地，风俗为编发、随畜迁徙、毋常处、毋君长，是以游牧为主的民族。

第三类：包括徙、筰都、再、駹等地，风俗为或土著，或移徙，属于半农半牧的民族。

第四类：包括白马等地，是氐族，风俗为从事农牧。西汉时所置的氐道县，就是氐人聚居的地方。

司马迁以极为简炼的文字，井井有条地叙述了西南夷各族的历史情况，揭开了这些少数民族神秘的面纱，使人能够大致窥见其真实面貌，为汉民族与这些少数民族达成共识奠定了基础。

与此同时，司马迁还在这些地方积极传播中原文化，帮助少数民族居民了解中原地区的历史及现状，从而极大地促进了少数民族与中原地区的沟通交流。

抚定南夷后，司马迁又转入西夷，由昆明、邛、笮等地至成都，最后返回京师。

对于司马迁的此次出使，汉武帝十分满意，对司马迁所取得的成绩也极为赞赏。奉使安抚西南这件事，也成为司马迁青壮年时期出任郎中后所做的第一件大事。

对于司马迁此行的成绩，东汉著名史学家班固给予了很高的评价，甚至将司马迁与丞相公孙弘并论。班固说：

"武帝既招英俊，程其器能，用之如不及。时方外事胡越，内兴制度，国家多事，自公孙弘以下至司马迁皆奉使方外。"

司马迁圆满地完成了安抚西南夷的任务，使西汉王朝在不用武力的情况下统一了西南夷，同时也令汉族与少数民族之间的关系更加融洽。为此，司马迁也赢得了汉武帝的信任，为他以后的仕途奠定了一定的基础，而他的官阶也从三百石升至一千石。

　　关于司马迁的儿子，史籍中没有记载。王莽当政时，曾考求司马迁的后人，并封其为"史通子"。司马迁另外还有一个女儿，后来嫁给了安平敬侯杨敞，生杨忠和杨恽。其中，杨忠就是"关西孔子"杨震的曾祖父。

第七章　见证封禅

衣食足而知荣辱，仓廪实而识理义。

——（西汉）司马迁

（一）

司马迁成为汉武帝的侍从后，需要辅助汉武帝的日常活动，跟随汉武帝巡游天下。这也让司马迁有了更多的机会了解到皇帝的奢靡与讲究排场的一面。

汉武帝天性喜爱奢华铺张。刚刚即位时，他爱好游猎，甚至为打猎方便而大开苑园。著名的上林苑广袤150多千米，苑中不仅植有名果异花，更豢养着各种野兽，以供皇帝射取；甘泉苑缘山谷北行，至云阳190多千米，西入扶风，周围270千米。

此外，还有御宿苑、思贤苑、博望苑、西郊苑等等。各个苑园都建有宫、观，其中上林苑号称十二宫、二十二观，可以容纳千乘万骑。有的苑园中还有池沼，绿树与碧水辉映，自然更能娱乐帝王的心情。

壮年之后，汉武帝更加喜欢出巡。据《汉书·武帝纪》的不完全记载，汉武帝在位的54年中，曾巡幸34次。

以元鼎三年（公元前114年）为界，前27年中，汉武帝一直都在集中精力攻打匈奴，只进行过4次近距离的巡幸，西到雍祠五畤，北到甘泉郊泰。

元鼎四年以后，为了宣扬大汉德威，汉武帝便以封禅和求仙为主要内容，27年间共巡幸了28次，平均每年一次，而且大多为远距离的巡幸。

汉武帝每每出巡，都声势浩大，历时长久，时长达半年以上的巡幸就有6次。据粗略估计，汉武帝共上泰山封禅8次，临东海9次，巡幸河东后土7次。所有这些出巡，司马迁只有两次没有扈从，其余都跟随在武帝身边，一起到各地巡游。

司马迁扈从参与武帝的巡幸，一方面使他与汉武帝之间拉近了距离，让汉武帝对司马迁的文学才华有了更加深入的了解，甚至由赏识到倾慕；另一方面，也让司马迁与汉武帝之间在政治见解上产生了严重的分歧，两个时代巨人的内在冲突也开始在不知不觉中酝酿并发展着。

对于汉武帝的巡幸，司马迁最初是抱着一种豪情来欣赏的。但后来见汉武帝巡幸频繁，且每次都讲求排场，劳民伤财，其负担使百姓不堪忍受，便渐渐产生了反感心理，因此也开始向武帝谏言，希望武帝能减少这种大规模的巡幸活动。

一次，汉武帝又要兴师重重地外出巡幸，司马迁便进谏道：

"陛下多次巡幸天下，天下安宁，盗贼不起，匈奴不敢犯边，皆仰仗陛下巡幸之威，国家才如此平安。但若陛下巡幸次数过多，人民迎接不暇，百姓不事耕作，反倒伤民，于国不利。"

汉武帝本来兴致勃勃，现在听年轻官微的司马迁这样一说，脸色立即变得难看起来。但他并没有惩治司马迁，因为他一向欣赏司马迁杰出的文学才华，也需要身边有这样一位出色的文学人物帮他粉饰太平，为他的巡幸写出歌功颂德、流传千古的文章。

因此，对于司马迁的这种"犯上"行为，汉武帝并未进行过多的批评。汉武帝这个雄才大略的皇帝，在未进入昏聩的老年之前，对文

人一向都是以礼相待的。而且，他也不想因为这样一件小事而失去自己的君主风范。

（二）

在司马迁奉使西南期间，汉武帝也进行过几次巡幸活动。当司马迁出使西南的捷报传来后，汉武帝十分高兴。

如今，大汉王朝已经征服了割据东南沿海的南越，也征略了西南的少数民族地区，不论从版图上还是实力上看，大汉帝国都进入了一个鼎盛时期。这让好大喜功的汉武帝有些不能自持了。

公元前110年10月，汉武帝亲自统率十二部将军，从洛阳出发北上，经过上郡（今陕西绥德县）、西河（今内蒙古鄂尔多斯）、五原（今内蒙古五原县）诸郡，出长城，驱军单于台，直到朔方。

在北河沿岸，18万铁骑展开了铺天盖地般的阵势。汉武帝率领千元上将登上单于台，遥望北国边疆，新仇旧恨，顿生胸怀。

于是，武帝对着台下的三军一声令下，那潮水般的铁流瞬间便一齐涌向匈奴国的边界线，大有"黑云压城城欲摧"之势。

守关的匈奴将领见汉军气势汹汹，纷纷躲在城内不敢出战。汉武帝壮怀激烈地给单于写了一封战书，向匈奴挑战，并命匈奴王速来称臣，否则就马踏匈奴，鸡犬不留！

匈奴胆怯，不敢应战，只好率部来见汉武帝，卑恭下跪，递上降书。

匈奴不战而降令汉武帝十分得意，遂率领大队人马原路返回。到了上郡后，武帝又在桥山祭祀了黄帝冢，接着又回到甘泉，着手准备封禅大典。

封禅大典是帝王祭祀天体时的一种特别隆重的典礼。皇帝先要到泰山顶上设坛祭天，这称为"封"；然后再在泰山底下的小山上辟地祭地，称为"禅"。一个帝王只有举行完这种典礼，才表明他是个真正的受命天子，并且完全有资格作为天的唯一代表者，实行对人世间的统治。

这种观念最初起于战国时期。秦始皇在统一天下，称为始皇帝后的第三年（公元前219年），就曾经东巡郡县，登上泰山去举行封礼，又到梁父山去举行禅礼。

那一次，秦始皇是从泰山的南面上去的，结果登到半山腰时，忽然遭遇暴风雨，诸位儒生博士们都暗暗讥笑他，认为始皇帝实在不配举行这种典礼。

但秦始皇怒而"顶风上"，终于登到山顶，举行了大典。至于典礼是如何举行的，颇具神秘色彩，无人知晓。

到汉代初年，汉高祖刘邦由于江山尚未坐稳，没有精力去想这种不着边际的事。文帝、景帝两代，都力求平安无事，自然也不会兴师动众地去祭祀天地。

直到汉武帝时代，随着中央集权统一的封建国家的繁荣强盛，不断有人蛊惑汉武帝去举行封禅大典，司马相如就是其中的一个代表。他到临死前，还在遗书中"言封禅事"。因为象征天下统一的封禅不仅是一种宗教典礼，也是政治上的庆功，等于给已经取得的成就打上一个句号，并给未来发展创造激情。

除了司马相如外，自然还有其他一些人热情赞成封禅，而汉武帝又是一位好大喜功的皇帝，在即位之初就已经跃跃欲试。随着国家的强盛和统一，他举行封禅的要求也越来越具体化。

为此，汉武帝希望儒生们能够拟定出一套封禅礼仪来，但儒生们弄了几年，都没有搞出个所以然。他们"牵拘于《诗》《书》古文"，不敢驰骋想象。

汉武帝还亲自动手，制定出一套封禅器具给儒生们观看，但儒生们又认为这些器具与古代的不一样。

当然，也有些人对封禅是持反对态度的，至少是不太热情的，并且还找出一些借口阻挠，司马谈就属于这一行列的。包括司马谈在内的反对者认为，封禅缺乏足够的理论依据，而且秦始皇曾经浩浩荡荡地封禅泰山，但秦仅历经二世就亡国了。由此可见，封禅并不能保卫国家太平。

有人支持，有人反对，汉武帝自然是不高兴的，尤其对反对者更是感到恼怒。最后，汉武帝还是听从了御史大夫兒宽的建议：

"享荐之义，不著于经……唯圣主所由，制定其当，非群臣之所能列。"

意思是说，这种事还是应该汉武帝自己拿主意，不必非要让大臣们来决定。

汉武帝觉得兒宽的话有道理，自己堂堂一个汉王朝的最高统治者，何必非要顺从于大臣们提出的封禅礼仪呢？

于是，武帝自己动手，制定了一套封禅礼仪。

此时，东南沿海又完全平定，匈奴远徙漠北，正是庆祝太平、状告成功的时候，而封禅礼仪也已经有了相当的准备。因此很快，封禅典礼就被提到了汉武帝出巡的日程上来。

（三）

从以往的祭祀仪式来看，主持此事的似乎应该是太史令司马谈，因为主持这一盛典也是太史职责范围以内的事情。但由于司马谈在武帝封禅庆典这件事上持反对态度，因此汉武帝最后断然决定：不让司马谈参与封禅大典。

公元前110年（元封元年）10月，汉武帝先统率10万大军北巡朔方，耀威塞外，然后东巡海上，路经缑氏（今河南偃师县南），礼拜嵩山。接着，他便率领大军东往泰山，举行封禅去了。

司马谈虽然被汉武帝排斥在封禅大典之外，但由于此次封禅是一次千载难逢的盛典，他同样要侍从武帝。

一路上，司马谈都郁郁于怀，内心十分烦闷；再加上一些赞同武帝封禅的人还经常在武帝面前说他的坏话，称司马谈在主办黄陵郊祀中贪污了3万银两。

司马谈听得此话，非常恼火。好在武帝并没有认可这些谗言，因此也未曾详细过问此事而治司马谈的罪。但司马谈还是气急交加，当跟随封禅大军行至洛阳时，便病倒了。

汉武帝见司马谈病情较重，就让他留在洛阳养病，还留下御医为其治疗，自己则继续挥动大军前往泰山。

当汉武帝东行齐鲁、准备封禅时，司马迁恰好从西南夷返回。由于要向武帝复命，他不敢在家中逗留，飞马追随武帝的大军向东行去。

当他赶驾中途，便接到了父亲病倒洛阳的消息。司马迁心急如焚，不分昼夜，打马前进，好不容易赶到洛阳，见到了卧病在床的老父亲。

此时的司马谈，已经被病痛折磨得失了原形，深陷的眼窝中，流露出呆滞、凄凉的神情。司马迁想到父亲病重异乡，无人侍奉，不由得悲从中来，跪倒在父亲床前痛哭不已。

司马谈伸出枯瘦的手，抚摸着儿子的头，久久说不出话来。良久，他才平静下来，拉着儿子的手，边流泪边嘱咐道；

余先，周室之太史也，自上世尝显功名于虞夏，典天官事。后世中衰，绝于予乎！汝复为太史，则续吾祖矣。今天子接千岁之统，封泰山，而余不得从行，是命也夫，是命也夫！余死，汝必为太史。为太史，无忘吾所欲论者矣！且夫孝始于事亲，中于事君，终于立身。扬名于后世，以显父母，此孝之大者。夫天下称颂周公，言其能论歌文武之德，宣周召之风，达太王、王季之思虑，爰及公刘，以尊后稷也。幽厉之后，王道缺，礼乐衰，孔子修旧起废，论《诗》《书》，作《春秋》，则学者至今则之。自获麟以来，四百有余岁，而诸侯相兼，史记放绝。今汉兴，海内一统，明主贤君忠臣死义之士，余为太史而弗论载，废天下之史文，余甚惧焉！汝其念哉！

司马谈将自己毕生的事业和理想最后都遗留给儿子司马迁，希望在自己死后，儿子司马迁仍然做一个太史；做了太史后，也不要忘记他所欲论著的一切。

司马谈认为：一个人事亲、事君的最后目的在于自立，扬名后世，以显父母，这是最大的孝道。他看到孔子死后，至今已经400多年，诸侯兼并，史记断绝。如今海内统一，明主贤君、忠臣义士等应该论述的人物，他作为一个太史未能去论述，废弃历史事业，甚是惶恐。因此，他希望儿子司马迁能够记住这件事。

听完父亲的话，司马迁流着眼泪说：

"父亲的一番心事，儿子完全领会了。儿子虽然驽笨，但一定会将父亲所整理的历史旧闻论述无遗，不敢稍有缺漏。"

之后不久，司马谈便溘然长逝。司马迁悲痛万分，在悲痛之余，他也接受了父亲的遗命，发誓此生一定要将父亲未竟的事业完成。

（四）

父亲去世后，司马迁简单处理了父亲的丧事，然后不敢多耽误，急忙起身前往山东，侍从汉武帝。

原来，汉武帝到达山东后，并没有马上举行封禅仪式，而是听信方士的话，派出好几千人入海祈求蓬莱神人；而他自己也到处巡幸、祭祀，幻想着能够遇到神仙，以求得长生不老之法。

直到第二年4月回到奉高（今山东泰安县东北），汉武帝才准备进行封禅。但直到这时，封禅仪式究竟该如何举行，儒生和方士们依然争论不休，拿不出一致的意见来。最后，汉武帝按照自己的想法，在泰山南面的梁父山上举行了禅礼。

随后，武帝到泰山东麓，用祭祀太一（上帝）的礼仪举行了一次封礼；又与霍去病的儿子霍嬗到泰山山顶举行了第二次封礼。下山后，又到泰山东北的小山肃然山举行了第二次禅礼。礼毕，汉武帝坐在名堂之上，接受群臣百僚的更番上寿。

一路上，司马迁都跟随汉武帝进行封禅的祭祀活动，接着又随从武帝向东巡海，北上至碣石，然后沿长城西行经五原回到长安。

汉武帝一行威风凛凛地在北方大地上转了一大圈，行程达1.8万千米。一路风光，一路排场，十几万人的百官与军队，浩浩荡荡，好不壮观！据记载，军队百官一路上"用帛百余万匹，钱金以巨万计"。

司马迁跟随汉武帝参加了封禅仪式后，对帝王封禅的认识有了质的转变，同时也对皇帝的这种行为感到更加不解和不满。在《史记?封禅书》中，司马迁引用管仲的话说道：

"皆受命，然后得封禅。"

意思是说，他们都是承受天命，然后才举行封禅大典的。

所谓"受命天子"，就是德才兼备、功业盖世的帝王。他们能一统天下，敬礼百神，天上地下一片和谐。也就是说，封禅是治世和大统一的一种象征。

但是，汉武帝在国家还远未达到大治之时，便耗费巨大的民力财力举行封禅大典，这完全是一种好大喜功的表现，也是帝王不体恤民政、迷信鬼神、祈求个人长生不老的荒谬做法。

《封禅书》用了相当的篇幅来记载和揭露、讽刺秦始皇、汉武帝迷信鬼神的荒唐行为。同时，司马迁也借诸生之口批评秦始皇的封禅行为是"此岂所谓无其德而用事者邪"？

秦始皇在位期间，不体恤民政，专务封禅，最终加速了国家的灭亡。借秦始皇的荒唐行为，司马迁也讽刺了汉武帝"今天子初即位，尤敬鬼神之祀"，同样是十分荒唐的行为。

司马迁认为，若封禅典礼在政治上能够起到凝聚作用，是国家大事，那么汉武帝进行封禅仪式也是可以颂扬的。但汉武帝却一味地借封禅之机巡海求仙，立寿宫请神，就是完全为了个人长生不老所进行的愚昧行为。对此，司马迁在《封禅书》中也作了淋漓尽致的讥讽。

司马迁从巡武帝，实地经历，感受深刻，运于笔端似有千钧之力，使人读来悲愤郁抑，引起共鸣。而《封禅书》的意义还在于：司马迁以内心的愤懑之情，对汉代统治者，尤其是汉武帝的滥祭淫祀，进行了委婉而充分的揭露和嘲笑，从而为后世治史者留下了光辉的典范。而从《封禅书》的命题也不难看出，司马迁的本意并不在于记述武帝的祭祀等礼制，而是为了对汉代的弊政——围绕封禅的诸种活动——加以猛烈地抨击。

据韩城民间的传说称，司马迁因李陵事件获罪后，其族人多改姓避祸，或将"司"姓加一竖改为"同"，或将"马"姓加两点改为"冯"。所以，现在芝川镇西塬上徐村的同姓和冯姓之人，都是司马迁的同族后裔。

第八章　继承父业

好学深思，心知其意。

——（西汉）司马迁

（一）

公元前109年（元封二年）春，方士公孙卿向汉武帝报告称：

"东莱山上有神人出现，好像说要见天子哩。"

汉武帝一听，十分高兴，即命公孙卿为中大夫。随后，汉武帝再次东巡，过缑氏，至东莱。但武帝一行在东莱留宿数日，始终没有看到神人出现。

汉武帝不想白白来一趟，便又派方士前去求神仙，采灵药。恰在这时，全国大部分地区久旱无雨，汉武帝求仙不成，出巡无名，便在万里沙神祠祈祷，不久又祭祀了泰山，然后亲临濮阳（今河南濮阳县西南）的塞河工地。

早在公元前132年（元光三年）5月，黄河的濮阳瓠子就决口了。洪水从东南注入巨野（今山东巨野县），又入淮泗，令十六郡百姓均遭遇灾害。

当时，汉武帝曾命汲黯、郑当时等人发动十几万民工前往堵决口。

可是，决口仍然没能堵牢，还是会常常决口。

这时，贵戚武安侯田蚡为丞相，他"奉邑食鄃（今山东平原县西南）。鄃居河北，河决而南，则鄃无水灾，邑收多"。于是，田蚡就向汉武帝说：

"江河之决皆天事，未易人力为强塞。塞之，未必应天。"

意思是说，江河出现决口都是天命决定的，不是人力强塞能够解决的。如果用人力强塞，未必是顺应天命。

汉武帝听了田蚡的话后，遂停止了瓠子的塞河工程。

此后20多年来，这个黄河泛滥区不断发生灾难，百姓每年的收成都很少。后来直到举行封禅大典，在各处祭祀山川寺庙时，汉武帝才想起这件事。

可能在此次东巡海上之前，汉武帝已经命汲仁、郭昌征发动数万民工前去填塞河道。因此，这次武帝亲临濮阳塞河工地，并举行了祭河典礼，"沉白马玉璧于河"，然后又命令文武侍从百官都到山上背柴，参加塞河工作。

在决口处，官兵们先用竹子一排排地打下桩，然后再填上土石和柴草。此时正值春天，东郡百姓又都需要烧柴草起火，因此柴草十分缺乏，工程进展得也不顺利。

汉武帝担心此次塞河又不能成功，便用当时流行的楚歌体作了两首悲壮、苍凉的歌：

> 瓠子决兮将奈何，浩浩洋洋兮虑殚为河。
> 殚为河兮地不得宁，功无已时兮吾山平。
> 吾山平兮巨野溢，鱼弗郁兮柏冬日。
> 正道弛兮离常流，蛟龙骋兮放远游。

归旧川兮神哉沛，不封禅兮安知外。

皇谓河公兮何不仁，泛滥不止兮愁吾人。

啮桑浮兮淮泗满，久不反兮水维缓。

——《瓠子歌其一》

河汤汤兮激潺湲，北渡污兮浚流难。

搴长茭兮沈美玉，河伯许兮薪不属。

薪不属兮卫人罪，烧萧条兮噫乎何以御水！

穨林竹兮楗石菑，宣房塞兮万福来。

——《瓠子歌其二》

"不封禅兮安知外"——汉武帝在为他那徒劳无功、愚惑百姓的封禅行为进行辩护和颂扬。但在汉武帝的亲自督责下，文武百官积极参与瓠子决口的塞河工作，为害多年的瓠子决口也终于得到了有效的治理。

为了纪念此次宏伟的塞河工程的完成，汉武帝还在瓠子新堤上建筑了一座宫殿，并为其命名为"宣房宫"。

此时的司马迁，虽然新遭父丧的打击，还在守孝期间，但仍然须侍从在武帝身边。在这次塞河工程中，他也参与其中，并且跟随其他官员一起负薪塞河。汉武帝的《瓠子歌》也让他深受感动，他的《河渠书》记录的就是这一事件。

《河渠书》以大禹治水开篇。大禹在治水的13年间，"三过家门而不入"，有智有勇，不畏惧任何困难和挫折，"陆行载车，水行载舟，泥行蹈毳，山行即桥"。遇到困难，他也总能想出克服的办法，最终通过不懈努力，完成了"以别九川，随山浚川，任土作贡"的伟大事业。

经司马迁的记录和描写，大禹治水的传说也成了有声有色的历史故事；大禹顽强斗争的精神，更成为鼓励人们树立自信心的精神财富。大禹治水的成功，是人定胜天观念的形象化。司马迁的记载，则熔铸了人们实际治河的经验，后世读来颇为亲切。

司马迁负薪塞河，其时37岁，正是盛壮之年，西汉也正当盛强之时、风华之年，而成功宏伟之业，其乐如何！负薪塞河，更加激发了司马迁的凌云壮志。

（二）

由于司马迁出色地完成了出使西南夷的任务，从泰山封禅返回后，汉武帝对司马迁更加刮目相看，希望对他委以重任。

公元前108年，即负薪塞河的第二年，38岁的司马迁接替父亲的职位，请求汉武帝任命自己为俸禄600石的太史令。

公元前118年（元狩五年），司马迁28岁，出仕为郎中，秩300石，是一个低级侍卫；公元前111年（元鼎六年），司马迁35岁，奉使西征为郎中将，秩千石。

郎中与郎中将都属郎中令，是亲近皇帝的内廷侍从官；太史令秩600石，属太常，品级低于郎中将，而且是由内廷转到外廷，用司马迁自己的话说，这一职位就是"厕下大夫之列，陪外廷末议"的普通长吏。但由于太史令一职执掌天官，典司图籍，是专门的业务官，需要有"文史星历"的专业知识，司马迁恰好具有这样的条件。

另外，太史令还须随时备召为皇帝顾问，并从巡汉武帝封禅祭礼山川百神，宾赞受事，仍可亲近汉武帝。司马迁要完成一代大典，实现父亲司马谈的临终遗愿，事亲、事君、立身，继任太史令是其走向理想的第一步。

当司马迁向汉武帝请求任职太史令时，汉武帝经过权衡，也顺从了司马迁的请求，任命他为太史令一职。

所谓的太史令，在战国以前是没有这个职位的，只有太史（写成为"大史"，"大"字读"太"）。在周礼，属于春官。春官除太史之外，还有太祝、太卜等，掌邦礼，以事神为主。司马迁说自己的祖先是"文史星历，近乎卜祝之间"，指的就是古代太史的性质。

太史令最初的职务是记言记事，而古人最重视鬼神灾详，所以既记人事（文史），也记天事（星历），古代的史官与历官是没有分别的。

汉朝距离周代很近，因此这种做法仍然延续着，太史令也等于是太祝、太史和太卜三项合而为一的职位。

司马迁接任父亲太史令的这一职位，也是经过了一番深思熟虑。在最初步入仕途时，司马迁所想的是要建功立业，像当朝的李广、卫青、霍去病一样，做出一番惊天动地的事业。这在汉代时期也是相当普遍的青年们的思想观。

汉代初年，一些大臣大多都是功勋卓著的政治、军事人物，如刘邦手下的萧何、韩信、张良这"三杰"，还有曹参、陈平、周勃、周亚夫等人，都是汉朝初期功勋卓著的英雄人物。他们都封侯封爵，享受着很高的政治地位，成为西汉时期青年们所推崇的榜样人物。

很明显，这些人物对司马迁的影响也是巨大的，让他从小立下宏愿，并热衷于政治，热衷于博取功名，以图扬名立万。

如今，司马迁出使西南夷圆满归来，又侍从汉武帝一起东巡封禅，且在文学方面表现出众，因而也成为汉武帝最为宠幸的文臣之一。这时的司马迁，可以说是人生最为辉煌的时期。如果此时放弃政治事业，去选择从事默默无闻的史学撰述工作，实在是一件较为艰难的事。

而且，汉武帝对史官要求也十分严格，在这种情况下，要完成真正

有价值的史学著作，更是一件难上加难的事。

但是，父亲临终前的嘱托深深地触动了司马迁，让他的价值观认识开始发生转变。司马迁出生于史官世家，一直以来，从事史学撰述都是家族中的一个优良传统。司马迁从小也受到史学的熏陶，深知撰史的重大责任，并深知史学撰述是一个神圣而光荣的使命。因此，在内心深处，司马迁还是有着从事史学撰述的崇高使命感。

而且，编修史书也一直都是父亲司马谈最大的梦想。父亲生前身为史官，司马家族也身为史官家族，但却始终未能有一部像样的史书流传于世，最终令父亲司马谈含憾而终。

所有以上这些因素，让司马迁意识到了作为一名史官重要而神圣的使命。所以在经过一番深思熟虑之后，司马迁最终做出了放弃政治、从事史学研究的选择。

对于一般人来说，这个选择也许是不可理喻的，放着2000石的高官不做，却要改做一个600石的无权无势的太史令。但对司马迁来说，这却是一个十分具有历史意义的选择。如果没有这次选择，司马迁就不可能成功地写出那部伟大的历史巨著《史记》。

（三）

司马迁初为太史令时，也正是汉武帝的事业处于巅峰的时期，这让司马迁对生活、对前途充满了美好的理想，他也想为汉武帝、为大汉王朝做出一番事业。为此，他"绝宾客之知，忘室家之业，日夜思竭其不肖之材力，务一心营职，以求亲媚于主上"。

可以说，自从担任太史令以后，司马迁谢绝了一切往来应酬，忘掉了个人的家务事，日夜思虑如何贡献自己的全部才能和智慧，专心

一意地研究自己的工作，以求获得汉武的欢欣和信任，同时也成就自己的千秋伟业。

他还曾写信给一位隐居山中的朋友挚伯陵劝进。挚伯陵，名峻，字伯陵，京兆长安人，少治清节，隐巨山中。司马迁在给他的信中写道：

> 迁闻君子所贵乎道者三，太上立德，其次立言，其次立功。伏惟伯陵，才得绝人，高尚其志，以善厥身。冰清玉洁，不以细行荷累其名，固已贵矣，然未尽太上之所由繇也。愿先生少致意焉。

挚伯陵是汉朝时期的著名贤士，但他退身修德，隐居在阡山之中，以清节见称，不肯出仕。司马迁与他交情颇深，所以也能直言不讳，劝他改变隐士生活，出来为国家效力。

这封著名的《与挚伯陵书》载于皇甫谧的《高士传》中。这封信也表明中年时期的司马迁志在立德、立言、立功的进取精神。壮阔昂扬的时代精神，君臣相和的知遇之恩，事亲、事君、立身的父亲教诲，建功立名的男儿壮志，这所有的一切，都成为司马迁创作《史记》的巨大动力。

从担任太史令起，司马迁便开始了未来伟大工程的基础工作，所谓"史记石室金匮之书"，即得到了检读国家所藏图书、档册和文件的便利，广泛搜集文献资料，并结合自己到各地游历访问所采集的口碑资料进行研究。

这个工作一开始是十分困难的，因为从汉初解除"挟书律"到汉武帝这段时间，国家的藏书已经十分丰富，"天下遗文古事，靡不毕集太史公"。但是，所有这些又杂乱成一团，连一个可资查考的目录都没有。

在这种艰难的情况之下，司马迁以自己一人之力，要从一大堆杂乱无章的断简残篇之中抽出历史的故事条理，其难度之高可见一斑！

但是，司马迁在整理这些历史资料时，还不能全天候地闭户读书收集，他还有一种无定的、然而却是经常的事务，那就是与做郎中时一样，仍要侍从汉武帝。不过，郎中的侍从职务仅仅是跟随车驾，听候皇帝使唤；而太史令就有了比较固定的职务，比如要筹备各种祭祀典礼等。

可以设想，在公元前107年（元封四年）10月的北巡，"通回中道（道路名，南起汧水，北出萧关），遂北出萧关（今宁夏固原县东南），历独鹿（山名，在今河北涿县以西）、鸣泽（泽名，在今河北涿县西），自代（今河北蔚县西南）而还，幸河东（郡名，在今陕西夏县东北）"。

公元前106年（元封五年）的南巡，"至于盛唐（今庐江），望祀虞舜于九嶷；登潜天柱山（今安徽潜山县西北）；自寻阳（今湖北黄梅县西南）浮江，亲射蛟江中，获之。舳舻千里，薄枞阳（今安徽桐城县东南）而出，作盛唐枞阳之歌。遂北至琅琊（今山东诸城县），并海，所过礼祀其名山大川。春三月还至泰山，增封。……夏四月……还幸甘泉，郊泰畤"。

而公元前105年（元封六年）冬的北巡，"行幸回中。……三月，行幸河东，祠后土"。

由此可见，汉武帝每年都要外出巡游，司马迁因任太史令的职务，也需要不断侍从武帝出巡。他自己也说：

"余从巡祭天地诸神名山川而封禅焉。"

这些随同皇帝巡游的活动占去了司马迁很多的时间，让他平时只有很少的时间来从事史书研究和编修，其艰难程度更是可想而知。

第九章　修改历法

勇怯势也，强弱形也，审矣，何足怪乎？

——（西汉）司马迁

（一）

改历工作是汉朝建立后改换旧制的一个重要部分。早在战国时代时，就流行着齐人邹衍最初提倡的"五德终始"的学说。这种学说企图说明：历史上改朝换代这一不断反复循环的现象，是由于客观世界的木、火、土、金、水五种物质力量规律性地前后替代而决定的。这五种物质的力量称为"五德"。

五种物质力量不断更迭，反复替代，就叫做"五德终始"。谁如果得到了"五德"中的一德，谁就是受命天子，成为一个朝代中的统治者。而受命的证据，就是那些非因人力因素，而由天命出现的各种各样的"符瑞"。

与"五德"相对应的，就是各个朝代的不同制度。因此，当"五德"轮流"走运"时，就会有相应的"符瑞"出现，也就有新的朝代建立，并有一套制度需要改换。

这种学说解释了历史上的朝代，称最早的黄帝得"土德"，后来夏得"木德"，商得"金德"，周得"火德"。因此，这些朝代也各有相应的、不同的"符瑞"和制度。

这种神秘的学说产生并流行于战国后期，显然是统一形势的反映，也是为新朝代的出现准备思想条件的。

第一次尊重"五德终始"的，就是秦始皇。在统一天下之后，秦始皇以为周得"火德"，秦代周朝，当为"水德"，于是就制定了一套与"水德"相适应的制度：以10月朔为岁首；衣服、旄旗、旄节皆崇尚黑色；数以六为纪，如符、法冠皆为六寸，舆六尺，步六尺，乘六马；统治极端严厉，事皆决于法，不讲仁义恩爱；并改黄河名为德水。

在这种学说的影响之下，汉高祖刘邦得天下、建立汉朝后，当然也要另外制定一套制度。但在汉朝的最初数十年中，汉朝究竟得到何德，却成了朝中上下都拿不准的问题。

后来，汉高祖刘邦自以为是黑帝，得水德。这样一来，汉朝的一切制度自然应与秦朝一样，不需要更改。这也是适应当时天下初定、统治者无暇改变旧制度的现实情况的。

但汉文帝即位初年，太中大夫洛阳（今河南洛阳县东北）人贾谊以为，汉兴30多年，应该改革制度。因此，他按照土德的体系提出了一套改革方案。

当时的贾谊还十分年轻，没有什么政治根基，所以不久就被朝中的元老们排挤到长沙去了，他的改制方案也随之泡汤。

后来，鲁人公孙臣上书，也认为秦为水德，汉推翻秦，应为土德，因此主张汉朝应按土德改制。但是，当时的丞相张苍却坚持汉仍为水德，公孙臣的建议最后也被取消。

文帝十五年，根据黄龙出现于成纪（今甘肃秦安县北）的传闻，汉文帝确信汉朝为土德，从而召公孙臣为博士，并命公孙臣草拟改制计

划。不过，汉文帝后来因为各种原因，并没有实施公孙臣的改制计划。

汉武帝即位后，本来是想进行大规模改制的，不料刚一开始就遭到了祖母窦太后的反对，汉武帝也只好先将此事放下。后来军务繁忙，改制一事也就暂时放在一边了。

到了公元前110年（元封元年），汉武帝举行了帝王的封禅大礼，改制也就成了必不可少的一环。此后，汉武帝逐渐将改制工作提上日程，而积极推动汉武帝改制的主要人物，就是司马迁。

（二）

公元前104年（元封七年），由于太史令的专门职务，司马迁向汉武帝提议进行改制历法的工作。

当时，汉朝使用的历法是秦朝沿袭下来的颛顼历，以致"朔晦月见，弦望满亏多非是"。根据这一历法，汉武帝时期出现了很多重大的节令误差，给人民的生活与生产带来了很大的不便，甚至一度影响到朝廷的威信。

因此，在这一年，司马迁与太中大夫公孙卿、壶遂等人上书，"言历纪坏废，宜改正朔"。司马迁等人的建议原本是从改正朔的实际需要出发的。但在当时，汉武帝自然要将它与统治阶级受命改制的思想联系起来，因此就召来御史大夫兒宽，问他说：

"你和诸位博士们商议一下，看看现在如何计算朔日才好？服饰要崇尚什么颜色？"

兒宽同博士赐等人讨论后，都纷纷向汉武帝进谏说：

"皇上一定要改换历法和服饰的颜色，用以表明是受命于上天。创立伟业后，制度一定要更改，不能有所重复。从历史文献推论来看，现在应使用夏正。臣下等人学识狭隘浅陋，不能明晓事理。陛下身有圣德，可以与天地相匹配，因此臣下等人认为：夏、商、周的制度，后代重复前代的，是因为二代在前面。现在，二代的制度已经绝迹，希望陛下能发圣德，广泛考察天地四时的极限，调顺阴阳，以确定历法，作为万代的法则。"

汉武帝觉得儿宽等人说得有道理，便诏命令御史道：

"前不久有主管部门上报称历法还没有确定，要求多召集一些人询问对策，以推算历法的星度，但现在还没有完成这件事。朕听说古时候黄帝能够与自然相合而不死，能够根据命名的东西来考察进退，确定律声的清浊，推演五行，建立节气、万物、历法的推算。但这些都是很早以前的事了。现在书籍缺乏，音乐废弃，朕对这件事感到很为难。左思右想，还是没能弄明白。现在，就以元封七年为太初元年吧。"

接着，汉武帝将制定汉历的人任务交给了太史令司马迁负责。

改革历法是大事，司马迁认为，这件事能否顺利办成，关键是需要多方面的人才。因为改革历法是一项综合性的学术工程，人才显得更加重要。

经司马迁推荐，汉武帝又确定参与太初改历的人选有司马迁、射姓等，还有武帝委任参与其事的御使、侍郎及议官公孙卿、壶遂等人。

但具体事项展开后，这些人还是远远不够，致使修历工作进展缓慢，而且质量也上不去。因此，司马迁认为应邀请专门人员来"考天地四时之极"，"顺阴阳以定大明之别"。汉武帝同意了，责令司马迁再次选拔人才。

司马迁很小就知道唐都。唐都是汉代最著名的天文学家之一，司马迁的父亲司马谈就曾经向唐都学习过天文知识，汉武帝也曾亲自召见他，委托他测定二十八宿的距离和角度。于是，司马迁就将唐都招募到自己的改历队伍之中。

经过司马迁的努力，他的周围聚集了大批的改历人员，新增人员中最著名的还包括立法专家邓平、长乐司马可、酒泉侯宜君等，另外还有一些民间人士。这些民间人士虽然出身寒微，但司马迁不重视他们的出身，只看重他们的才华，向他们委以重任。这样一来，改历人员基本满足了需要，历法改革也进入到实质阶段。

（三）

经过司马迁与数十位专家的通力合作，太初元年5月，一个精准的新历终于确定下来了。这个新历法以正月为岁首，即著名的《太初历》。

《太初历》是对古代历法进行重大改革的成果，其中规定：一年等于365.2502日，一月等于29.5308642日；将原来以十月为岁首改为以正月为岁首；开始采用有利于农时的二十四节气；以没有中气的月份为闰月，调整了太阳周天与阴历纪月不相符合的矛盾。同时，《太初历》还根据天象实测和多年来史官的记录，得出了135个月的日食周期。

这年5月，汉武帝正式下令改制。除了改历一项外，仍从之前贾谊、公孙臣的建议，按照土德系统宣布了下列改革：

"色上黄，数用五，定官名，协音律。"

至此，汉代复兴百年以来，汉王朝受命改制的思想终于成为现实。由此可见，汉武帝实行改制是由实际的改历需要促成的，而改历则是在司马迁的倡议和主持下完成的。汉武帝受命改制，不过是封建统治者为维护自己的统治而实行的一种有益于自己的措施，但以司马迁为主要负责人的改历，却是一件真正有益于人民的伟大工作。

此次历法的改制，是我国历法史上的一个划时代的进步。《太初

历》不仅成为我国第一部比较完整的历法，也成为当时世界上最先进的历法。

但是，《太初历》也有不足之处。它的81分律数据，是黄钟律管9寸长这一数据"9"的自乘，以音律起历，这是缺乏一定科学根据的。《颛顼历》岁长为365.25日，月长为29.5308511日；《太初历》岁长为365.2502日，月长为29.5308642日。两相相比，《太初历》的推步要比《颛顼历》为疏。

《太初历》行用了27年后，至昭帝元凤三年（公元前78年），太史令张寿王才首次提出了反对意见。但是，一直到东汉章帝元和二年（公元85年），才因《太初历》累积误差太大而为新历所代替。至此，《太初历》共行用了189年。

此外，司马迁十分欣赏古四分历的"归余于终"，即将闰月置在岁末。司马迁还想令新历的元年与历元起始日都带有"甲"字，主张将太初元年定为"焉逢摄提格"，即甲寅年。这与实际干支纪年顺序丙子年相差了22年。"归余于终"与定太初元年为甲寅年，这两点也表现了司马迁在历法上的保守观点。

另外，在制定新历过程中，司马迁与邓平产生了一些分歧，尤其是《太初历》的推步不密而又无力更正，所以司马迁写《历书》中记载"历术甲子篇"时，不是太初新历，而仍是古四分历的推步，有闰十三月，并定太初元年为"焉逢摄提格"。

从上述两个方面也能够看出：《太初历》虽然经过了几十位专家的共同研制，但仍有不尽人意之处。但在当时来说，《太初历》的制定已经是一个很大的进步了。因此，司马迁的功绩仍然不能抹杀。

司马迁发起和参与制定《太初历》，不仅实现了司马氏"上世尝显功名于虞夏，典天官事"，光耀祖宗，藉慰父亲司马谈于地下，也

实现了孔子"行夏之时（即遵循夏的历法）"的理想。司马迁追步孔子，也主张"行夏之时"。《夏本纪》太史公曰：

　　"孔子正夏时，学者多传《夏小正》云。"

　　这也表达了司马迁对行夏正的向往。

　　《太初历》贯彻"行夏之时"的观点，以正月为岁首，调整历法结构，是一种科学的表现，对后世也产生了深远影响。所以，在改制历法这件事上，司马迁的贡献不可磨灭。

司马迁不仅是一位伟大的史学家，也是一位对天文星象精到造诣的专家。古代的史官本来就以星历之事为其本职之一，故精通星象之学也不足为奇。不过。司马迁能用史学家的眼光，将星象学与历史问题结合起来，以究天人之际通古今之变，这是其他星象家和史学家皆望尘莫及的。司马迁并没有用星象学去占测具体的人事变异，而是用来总结历史规律，这不能不说是他对星系学的创造性应用。

第十章　撰写《史记》

千人之诺诺，不如一士之谔谔。

——（西汉）司马迁

（一）

在制定《太初历》这一年，司马迁还开始了另一件大事，就是开始执笔写《史记》。这部历史巨著共计130篇，50余万字。从这一年算起，司马迁大约花费了14年才完成。

汉武帝改制之后，那种太平盛世的气氛让司马迁仿佛感到，作为孔子思想的一位继承人，著成《春秋》那样一部史书的时代已经到来。

此时，汉朝兴旺已经百年，国家出现了空前统一的局面，政治、经济、文化等，都有了很大的发展。

同时，统治阶级对广大人民的压迫、剥削日益严重，阶级矛盾与统治阶级内部矛盾也不断深化和复杂化。清理古代历史文化并记载秦汉以来的近代历史，是适应当时封建统治阶级的现实需求的。

对于父亲司马谈的遗言，司马迁记得很清楚。周公卒后500年而有孔子，孔子卒后到现在又有500年了，应该有人继承孔子的衣钵，作一番著述事业。司马迁觉得，自己有责任来完成这一事业。

当时，与司马迁一起参加改制工作的上大夫壶遂曾问司马迁：

"当日孔子为何要作《春秋》呢？"

司马迁根据老师董仲舒的讲述，回答说：

"当日孔子见天下混乱，知道自己的道理行不通，就在242年的时事之中表明是非曲直，作为天下后世行事的是非标准，认为光是空说道理，还不如因事见意来得明白。"

接着，司马迁又极力颂扬《春秋》一书的历史作用：

夫《春秋》，上明三王之道，下辨人事之纪，别嫌疑，明是非，定犹豫，善善恶恶，贤贤贱不肖，存亡国，继绝世，补敝起废，王道之大者也！

司马迁的意思是说：《春秋》上则阐明三王的道理，下则分辨人世各种事物的准则。辨别疑惑难明的事物，弄清是非的界限，确定犹豫不决的问题，表扬良善，批评邪恶，尊重贤才，鄙薄不肖，恢复已经灭亡的国家，延续已经断绝的世系，补救弊端，振兴荒废的事业，这些都是王道中的重要内容啊！

同时，司马迁还将《春秋》与《易》《礼》《诗》《书》《乐》等经典著作进行比较，认为《春秋》"辨是非，故长于治人"，"拨乱世反之正，莫近于《春秋》"。他还认为，"《春秋》文成数万，其指数千，万物之散聚，皆在《春秋》"。

因此，司马迁认为，无论为人君、为人臣、为人父、为人子，都必须通《春秋》之义，否则就要遭到各种不同的祸害。"故《春秋》者，礼义之大宗也"。

由此也可看出，司马迁对"春秋之义"和"春秋笔法"心仪已久。

但是，壶遂却冷静地对司马迁说道：

"当日孔子不遇明君，不被重用，到处碰壁，最后没办法才作《春秋》，从文辞记事中表明礼义，以垂后世，作为一个新王的王法。而你现在已经遇到圣明天子，得到了一定的官职，天下万事也都是有条有理，各得其当，足见已有王法了。你要继续作《春秋》，究竟要伦明何事？"

壶遂的这一反问，实在是对司马迁友好的警告。因为过分强调《春秋》对乱世的作用，而司马迁又要继续作《春秋》，那无异于说当时的汉朝不是太平盛世，是一个乱世了。

司马迁自己也很清楚，片面强调《春秋》对乱世的作用是不够理智的，因此他以谦虚的态度回答壶遂说：

"您的话很对，但您还是没有完全理解我的意思。我从先父那儿听说过："伏羲氏是最纯朴厚道的，但也作过《易》的八卦；尧、舜二帝盛德贤明，却有《尚书》记载下来；汤武时代的兴隆，诗人都歌颂它。孔子作《春秋》本来有两方面的作用：表彰善事，贬斥邪恶，推崇三代的德政，褒扬周王朝，并不只是讽刺讥笑而已。'"

接着，司马迁又说道：

"自从汉朝建立以来，到当今圣明天子在位，得到了上天的祥瑞，到泰山举行过封禅大典，更改了正朔历法，变换了车马服色，承受天命，德泽无穷无尽；海外不同习俗、不同语言的国家，都纷纷叩开关门，请求贡献物品和朝见的，说也说不完。臣下百官极力称诵圣主的明德，仍不能尽情表达自己的心情。况且，士人中贤能者不被信用，那是国君的耻辱；人主明圣，但德行不能布闻于天下，那就是官吏们的过失啊！我是朝廷史官，废弃明圣贤德而不予记载，磨灭功臣、贵

族、贤大夫的业绩而不予叙述，丢弃先父所告诫的遗言，这是莫大的罪过啊！我所说的记述过去的事情，也只是将杂乱的异闻传说整齐化、系统化而已，并不是所谓创作。而您将这件事同孔子作《春秋》相比，未免言之差矣！"

与壶遂一番对话后，司马迁著述的决心更加坚定，目的也更加明确了。他虽然谦虚地称自己不敢与孔子作《春秋》相提并论，但其实还是如此自诩的。

因此，就在改历完成的这一年，即太初元年，42岁的司马迁开始了继承《春秋》的著述工作。

（二）

虽然司马迁已经下定决心进行著述工作，但他却根本不可能完全"闭户著书"，因为这时的汉武帝经常要到各处巡狩、祭祀，司马迁必须照例侍从。在开始的7年之内，司马迁都是在汉武帝不断出行的间歇中努力进行他的著述工作的。

但是，侍从汉武帝出巡也并非完全毫无意义，因为到处护驾巡游可以让司马迁接触到各种历史遗迹及地方遗老，从而让他掌握更多、更为丰富的历史资料，也让他的写作更加真实而活泼。

为了著述、公务两不误，司马迁在京师期间，通常都是三天办理公务，三天埋头书案。在写作期间，他更是谢绝一切前来拜访的宾客，饮食也由家人按时送来。

在著述过程中，夫人柳倩娘成了司马迁的得力助手，因为她曾跟随司马迁壮游长江南北、出使西南夷，对全国各地的史料都有所记载和

掌握。所以，司马迁在写作过程中也会经常与夫人讨论一些问题。

一天，司马迁对夫人说：

"关于史料，我已经收集得差不多，就要正式动笔了。在写作时，我打算上起轩辕，下至汉武帝，其中有本纪、表、书、世家、列传之分。我认为应该从黄帝开始记事，你觉得恰当吗？"

夫人感到不解，便问道：

"以前《尚书》记事，都是开始于唐尧，你为何要将历史记事推到更早的黄帝呢？"

司马迁回答说：

"尧舜盛世，都是来自于黄帝时期的优良传统。如果没有这些好的传统，就不可能有以后的盛世。据民间传说，黄帝姓公孙，名为轩辕，长居姬水，后改姓姬。黄帝时期，炎帝神农氏的后裔已经无法统领诸侯，致使诸侯互相侵扰，天下大乱，百姓遭殃。其中，又以蚩尤最为横暴。黄帝修德振兵，准备讨伐混战的诸侯。诸侯慑于威力，才归顺于黄帝。"

夫人听了司马迁的话，点点头说：

"你说得有道理。此后，阪原打败炎帝，又在涿鹿擒杀蚩尤，天下平定，诸侯尊推黄帝为天子。黄帝果然不负众望，带领各族酋长日夜操劳，种五谷，造农具，养蚕制衣，让百姓安居乐业，道不拾遗，夜不闭户，天下太平，称为'大同'。依我看，能够出现这样的盛世，是黄帝对待百姓不分种族、一视同仁的结果。到了尧舜以后，天子就都不如黄帝了。他们纷纷争权夺利，常常导致天下大乱。"

司马迁点头表示赞同，接着说道：

"依我看，黄帝的德行，在于他对天下人的爱护，治国的方法是富国富民，人人平等，杜绝了以大欺小、以强欺弱、损人利己的行为。

可惜的是，这种仁德的制度被后来的强暴者推翻了，故而生灵涂炭，百姓遭殃。强暴者成为窃国大盗后，还自诩为'圣明天子'，这简直就是自欺欺人的谎言。所以，我要将黄帝列入我的史书的首卷首章，让以后的天子都能以皇帝为榜样，为百姓造福。"

夫人听完司马迁的话，也深受启发。这样，司马迁便以黄帝作为起始卷章记事，开始了巨著《史记》的创作。

第十一章　李陵事件

天下熙熙，皆为利来；天下攘攘，皆为利往。

——（西汉）司马迁

（一）

司马迁开始著述《史记》后，便按照传统方式尽史官之责，尽心竭力写作。但是，他逢汉武帝执政，这位雄才大略的君主对史官写些什么很不放心，尤其是怕他们写有损自己威信的内容，于是对史官所写的内容审查相当严格。

当汉武帝看了司马迁所写的关于自己的日常记述后，很不满意，因为那里面不仅没有歌功颂德的内容，反而还指出了自己的很多不足之处。

于是，汉武帝龙颜大怒，命令将司马迁主持修订的这些"实录"资料全部销毁。这样一来，司马迁与汉武帝之间便出现了一些认识上的分歧，司马迁也面临着屈从还是对抗的巨大矛盾。

经过一番思想斗争，司马迁终于"我自岿然不动"，坚持了一个史官正直无私的品格，"不隐恶，不虚美"，让汉武帝感到十分头疼。这样，正直的史官司马迁与好大喜功的汉武帝之间的矛盾日渐尖锐起

来。终于有一天，君臣之间的冲突爆发了。

这一冲突爆发的导火线，就是公元前99年的李陵投降匈奴事件。

随着汉朝的繁荣发展，汉武帝频繁地举行封禅典礼，并进行了改制，但这不过是从宗教迷信的迷雾之中获得了"受命而王"这种骗人精神上的自豪，实际的情况并非那么容易让他感到满足。

此时，北方的劲敌匈奴虽然已被迫迁往西北，但其势力仍然十分强大。自从公元前119年（元狩四年），汉朝大将军卫青、骠骑将军霍去病两路出师，与匈奴军会战，并取得了重大胜利后，匈奴便休养兵马，演习骑射，暂时对汉军采取了回避的态度。同时，匈奴还一再遣使来汉朝，请求和亲。汉武帝见状，也有意罢兵言和。

然而，经过近20年的休养，匈奴国力逐渐复原。到公元前107年（元封四年），匈奴扣留了汉朝使者路充国，此后"数使奇兵侵犯边"。

而此时的西汉王朝，也在卫青、霍去病两位将军痛惩匈奴之后，在几位卓越的财政专家设计支持之下，实施了各种新的改革措施——盐铁公卖，均输、平准，甚至贾官鬻爵、缴钱赎罪等，造成了国库有溢粮、"民不贫赋而天下用饶"的盛况。

在这种情况之下，汉朝与匈奴之间的大规模战事已经无可避免。公元前104年（太初元年）初，汉武帝派给贰师将军李广利一个任务，但不是讨伐匈奴，而是去攻打现在中亚境内、葱岭西北附近的大宛国。

攻打大宛并非因为大宛威胁到了汉朝的统治，而是因为汉武帝听说大宛有汗血宝马，便派人带着黄金和用黄金制成的金马向大宛购买汗血宝马。但大宛自恃距离汉朝路途遥远，而且汉军一出敦煌就会被困在五谷不生的沙漠之中，沿途供粮也是个大问题，肯定不能将大宛怎样，因此拒绝卖给汉朝汗血宝马。

汉使非常愤怒，遂将带去的金马摔碎，以示警告。大宛人也不示弱，他们将汗使赶了出去，并派人中途将他们杀害。

汉武帝闻讯后，勃然大怒，决定要不到汗血宝马，就以武力征讨大宛。于是，他想到了宠妃李夫人的哥哥李广利。

汉武帝其实早就想给李广利封侯了，但又不能违背高祖皇帝所立的"非有功不封侯"的规定，于是这次就任李广利为贰师将军，命他去取马。李广利接到指令后，遂于公元前104年率部出发了。

李广利率领着汉武帝派给他的6000人马通过了沙漠，但过了沙漠之后，沿途的小国不肯为他们供应粮食。李广利就采取攻击策略，攻下城池的，就进城取粮；攻不下的，掉头就走。结果一路打打停停，到大宛东边时，6000人马死伤大半。

李广利见人太少了，就想返回去。当回到敦煌时，兵士只剩几百人了。李广利于是上书皇帝，说路途遥远，粮食缺乏，兵员又少，希望能回来。汉武帝非常生气，直骂李广利没用，并派人到敦煌东方与酒泉之间的玉门拦下李广利的残兵败将，说：

"敢回来的就斩！"

李广利害怕丢了脑袋，赶紧又返回敦煌待命。

（二）

此时已经是太初二年的秋天了。李广利花费了整整一年的时间，不仅没有取回汗血宝马，还丢了几千人马，朝中公卿都十分不满，纷纷劝说汉武帝算了，不要再想着什么汗血宝马了，赶快专心对付匈奴吧。

但汉武帝还是不死心，又给李广利派去了6万兵卒、10万头牛、3万匹马和骆驼等，所需装备一应俱全；又发天下官吏有罪的、亡命的、商人等，或入伍，或协助运粮，一时间弄得天下骚乱。

这还不够，汉武帝还加派了18万兵卒保卫酒泉，同时作为李广利的预备队。又听说大宛城中没有水井，只靠城外流入城中的河水解决饮水问题，于是加派水工，以便将大宛城外的河水引往别处，将原来进入城中的水道汲干，作为汉军进攻大宛的孔道。另外还派两位擅长选马的人随军同行，准备攻下大宛时，能够选到最好的汗血宝马带回来。

公元前102年（太初三年），李广利二度率军讨伐大宛。但这次到达大宛时，军队也只剩下了3万多人。

李广利将大宛城围困了40多天，最后城中的大宛人走投无路，只好杀掉了大宛王，提着他的脑袋来向李广利谢罪，并且表示愿意进献汗血宝马。

随后，大宛人将城中的马匹全部拉出来，由随汉军而来的选马专家挑选了数十匹上等的、3000多匹中等的汗血宝马。李广利又立了一位亲汉人士为大宛王，并与之订立盟约，然后率兵东归。

公元前103年，李广利回到中原，但汉武帝派去的6万多人马仅回来一万余人，军马也只剩下1000多匹。

此次出征，军队并不像上次一样，缺粮少水，真正战死的士卒也不多，倒是李广利属下将吏贪渎，不但不爱惜士卒，反而拼命剥削，致使士卒因此死去的占大部分。

可以说，李广利两度出师，总共费时3年，前后出动20余万人，耗费金钱无数，最后只弄回来几千匹的马匹，实在是无功有过。

但是，汉武帝不但没有惩治李广利的过错，反而念他"为万里而伐，不录其过"，还迫不及待地宣布他的"丰功伟绩"，封李广利为

西海侯，食邑8000户。

对于李广利征讨大宛取汗血宝马的这件事，留在汉武帝身边的司马迁不可能不知道。对此，司马迁的内心十分愤懑。汉朝需要好马倒是实情，但因此而致使天下骚乱，让一个不高明的将领以极其挥霍的方式来换取，真是过于小题大做。一向富有正义感的司马迁，在心里也对汉武帝和李广利的这些不当行为感到了不满。

就在李广利从大宛班师回朝时，另一个人物李陵也出场了。

李陵是飞将军李广的孙子。他出生于公元前224年，比司马迁小11岁。李陵曾为侍中建章监，经常服侍在皇帝左右，与司马迁有些来往。而且，他还是司马迁的夫人柳倩娘的表兄，两人也算是亲戚。

李陵"善骑射，爱人，谦让下士，甚得名誉"，汉武帝认为他很有李广的遗风，因此，曾命他率领800名骑兵，深入匈奴1000多千米。李陵虽然没有遇到匈奴的军队，但却趁机观察了沿途的地形。

不久，汉武帝又任命李陵为骑都尉，率兵5000人，在酒泉、张掖教射练兵，防范匈奴入侵。

李广利征讨大宛时，李陵正好就在酒泉、张掖一带。汉武帝担心李广利出师不利，便命李陵率军随后去支援李广利。但李陵率军到达边塞时，又闻李广利已经回国，他只好率领500名轻骑穿过敦煌，到沙漠去迎接李广利，随后回师张掖，继续留守。

（三）

公元前100年（天汉元年），匈奴且鞮侯单于初立，惧怕汉朝趁机袭击，便表示出与汉朝和好的姿态，将扣留在匈奴的汉朝使者路充国

等人放了回来，并且还谦卑地对汉武帝说：

"我，儿子，怎么敢同汉朝天子相比！汉朝的天子就是我的长辈啊！"

汉武帝见匈奴如此恭敬有礼，便信以为真，遂派苏武以中郎将的身份出使匈奴，同样将扣留在汉朝的匈奴使者送还，并送给且鞮侯单于丰厚的礼物，以回报他想与汉朝和好的美意。

然而，当苏武和副中郎将张胜、随员常惠等百余人到了匈奴，说明来意后，且鞮侯单于反而因此骄傲起来，对苏武等人毫不客气，令大汉王朝大失颜面。

苏武等人见状，便准备返回汉朝向汉武帝复命。恰好此时，匈奴内部一个谋反的案件泄露了，匈奴硬污蔑说苏武知道案情不报，将苏武等人扣押下来。

此后，匈奴一直对苏武威逼利诱，逼迫苏武投降。但苏武始终威武不屈，不屈从于匈奴的淫威，结果被匈奴放逐到北海（今俄罗斯贝加尔湖）边去牧羊。苏武历尽艰辛，留居匈奴19年持节不屈，始终坚守着自己的信仰。

汉武帝得到这一消息后，非常愤怒，遂于公元前99年（天汉二年）又派李广利统率3万骑兵出酒泉（今甘肃酒泉县），前往天山与匈奴右贤王交战。

同时，汉武帝又命李陵从张掖（今甘肃张掖县西北）赶回来，负责贰师将军李广利的后方辎重。

李陵接到汉武帝的命令后，立即从张掖返回京师。在向汉武帝汇报完自己的驻守情况后，李陵又叩头说：

"臣所率领的边防军都是一些奇材剑客，南方勇士，力能扼虎，射必命中。臣愿意自编一队，到兰干山前分散匈奴兵力，以减轻贰师将军正面敌人的攻击。"

汉武帝一听，便问道：

"那么应该给你什么军队呢？朕已经出兵很多了，没有骑兵给你啊。"

李陵说：

"臣用不着骑兵。臣愿意以少击众，就用步兵5000人直捣单于窝巢！"

汉武帝见李陵如此勇敢，十分高兴，便答应了李陵的请求，并命驻守在居延的强弩都尉路博德率军到张掖的半路去迎接李陵的5000名壮士。

路博德曾作过伏波将军，是个老将，他感觉这样去迎接李陵这样一个年轻的后生，是件很差耻的事，因此奏呈汉武帝说：

"现在正直秋天，匈奴马肥兵壮，不可与之作战。臣愿意留李陵住下来，到明年春天，我们每人各自率领酒泉、张掖骑兵5000人，一起去攻打东西浚稽山（今蒙古人民共和国图拉河与鄂尔浑河间），那里一定可以捉住匈奴单于。"

汉武帝看到路博德的奏书后，很生气。他以为是李陵在说大话，实际上却胆小怯懦，自己害怕不肯出塞，就教唆路博德从旁上书。

因此，汉武帝马上给路博德回复诏书，写道：

"朕本来要给李陵骑兵，但他说用不着，要以少击众。现在敌人已入西河，应赶紧率兵前往西河，截断敌人进袭的道路！"

同时，武帝又给李陵下了诏书：

"一定要在9月出遮虏鄣（即居延塞），到达东浚稽山南的龙勒水上，四处侦察敌人动静。如果看不到敌人，就前往受降城（今内蒙古巴彦淖尔狼山西北）休整队伍，并立即用快骑回来报告。另外，你跟路博德说过些什么话，也要老实交代。"

（四）

李陵收到汉武帝的诏书后，不敢怠慢，立即率领5000名壮士出居延，又北行一个月，到达了指定的浚稽山扎营。随后，李陵又命令他的部下陈步乐回去向武帝汇报。

陈步乐回到京师，见到汉武帝后，如实汇报了李陵的情况，并说李陵很得军心，5000名壮士无不死力拥戴。汉武帝很高兴，就将陈步乐留了下来，并封了一个郎官给他。

然而，陈步乐刚从浚稽山出发，李陵就遭遇了匈奴的主力攻击，匈奴单于率领3万人马围攻上来。见汉军人少，匈奴单于便直奔李陵的营地扑来。李陵率领将士奋勇迎战，千弩俱发。

匈奴军见汉军来势凶猛，纷纷向浚稽山上撤退。李陵率部追杀，斩敌数千。单于大惊，于是又动用8万余骑围攻李陵。

李陵率部拼死突围，且战且走，南行数日，来到一个山谷之中。这时，将士们中箭受伤的已经不少，李陵粗略整编一下，接着再战，又杀敌千人。

随后，李陵又率军向东南顺龙城（今鄂尔浑河西侧和硕柴达木湖附近）败退，行四五日，遇到一个芦花荡。匈奴敌兵见状，便在上风放火，意图烧死汉军。而李陵则命人烧掉自己近旁的草木，不让敌人的大火蔓延过来。

且战且退后，李陵又率部南行，来到一座山下。匈奴单于在南山上，令其子率领骑兵前去攻击。汉军在树木间苦苦反击，杀敌数千，并发连弩射单于，吓得单于逃下山来。

单于见连续作战都不能取胜，恐怕汉军设有伏兵，不敢再追了。恰好这时，汉军的一个军侯管敢被校尉所辱，一气之下逃到匈奴，并告

诉匈奴说，汉军已经没有后援，箭也快要用完了，现在只有李陵和成安侯韩延年所部各800人为前行，而且以黄色和白色为旗帜的就是。如果匈奴用精锐骑兵前去追击，一定可以打败他们。

单于获得这一消息后，立刻率骑兵前去追击，并截断了汉军的退路。李陵被围困在一个山谷之中，敌人在山上四面射击，箭如雨下。汉军突围继续南行，一天之内，50万支箭全部射完了。

这时，汉军还有3000多人，被迫退入一个峡谷之中。敌人追来后，堵住了谷口，并利用山角的掩护向谷中抛石头，致使汉军死伤众多，无法再战。

当天夜晚，李陵独自一人便衣出营，对左右说：

"不要再跟着我了，大丈夫当独取单于头！"

说完便离开营地，好久才回来。

士卒们见李陵回来了，都忙追问结果。李陵叹了口气，说道：

"打了败仗，我们出不去了！"

这时，一位军官说道：

"将军威震匈奴，不得成功，乃是天命。不如暂时投降匈奴，待日后再设法归汉。"

但李陵说道：

"你劝我不要去送死，这不是一个好汉的行为啊！"

说完，李陵将一切旗帜全部斩断，并将一些珍宝物件埋在地下，又叹了口气说道：

"我们每个人如果再有数十支箭就可以脱身了，但现在兵器都没有了，挨到天亮也只能受俘。不如大家作鸟兽散，总会有几个人能逃回去报告天子的。"

说完，李陵命士卒每人带着二升干粮、一点水，准备逃跑，逃到遮

虏郭就等着集合。夜半时分，李陵和韩延年上马出发，从峡谷中冲了出来，敌人数千人马在后面紧追不舍。

混战之中，韩延年不幸战死了。见韩延年以身殉国，李陵万分悲痛，说道：

"臣没有脸面再回去见陛下了！"

说完，李陵下马向匈奴投降。突围出去的壮士四处逃散，最后逃到边塞的仅有400多人。

第十二章　仗义执言

能行之者未必能言，能言之者未必能行。

——（西汉）司马迁

（一）

李陵战败投降的地方，距离边塞仅有百余里，因此消息很快就通过边塞传到了汉武帝耳中。汉武帝听说李陵投降了匈奴，便大发怒火，质问陈步乐，逼得陈步乐无话可说，只有选择自杀。

当李陵在边境驻守时，朝中的一些公卿王侯都纷纷向汉武帝祝贺。现在听说李陵战败投降了，便立即转口说李陵罪不可赦。汉武帝一时拿不定注意，不知道该怎么办才好。

司马迁是汉武帝的侍从，每天都在汉武帝身边。见汉武帝为李陵之事心情烦乱，便很想为李陵说几句话。通过与李陵的交往，司马迁觉得李陵是个"奇士"。更重要的是，李陵时刻都准备着奋不顾身，为国家效力。

因此，在司马迁看来，李陵平时的操行修养实在有"国士之风"。现在，李陵投降了匈奴，司马迁作何感想呢？

司马迁认为，李陵作为一个"人臣"，为了解救国家危难，冒死不顾，已经很了不起了。而李陵刚一犯错，那些在家中保全自己和家族的王公大臣们，便开始添油加醋地指责李陵的过失，实在令人痛心！

在司马迁看来，李陵率领不到5000人的步兵，深入匈奴骑兵出没之地，到达敌人的"王庭"，"垂饵虎口，横挑强胡"，与匈奴单于连战十余日，所斩杀的敌人已经远远超过了他所能达到的限度。

匈奴被汉军杀得害怕，于是征调了左右贤王的全部武装，倾全国之众一起围攻李陵的军队。李陵孤军奋战，转斗千里，最后箭全用尽，穷途末路，士卒死伤成堆。但李陵振臂一呼，活着的士卒仍然无不奋起，开无箭之弓，北向与匈奴展开肉搏。

士卒们之所以如此勇猛，皆因李陵平时与士卒们同甘共苦，因此士卒才肯拼死出力。这样的境况，即使古代的名将也难以超越。

如今李陵战败，身陷匈奴，这大概也是缓兵之计，准备日后有恰当的时机再离开匈奴，重新报答汉廷。李陵这样做，实在是因为事情已经发展到了无可奈何的境地。

因此，李陵虽然投降匈奴，但已经给了敌人致命的打击，功劳已经不小，足以宣告天下。

司马迁那种炽热的心肠，实在按捺不住想为李陵说几句话。可是，太史令俸禄不过600石，在满朝文武的鸦雀无声中，哪有他发言的余地呢？但看到汉武帝自从李陵兵败投降的消息传来后，便"食不甘味，听朝不怡"，司马迁又觉得于心不忍。

司马迁认为，向汉武帝解释清楚李陵的为人，除了可以为李陵洗清冤屈外，还能宽慰汉武帝的心。司马迁觉得自己有这个义务，应该站出来说话。

机会终于来了。可能因为司马迁是皇帝侍从的关系，汉武帝主动询问了司马迁的意见。司马迁见机会难得，忙趁机对汉武帝说，李陵素来与士大夫交往，遇到好东西从不争先，要分东西也绝对分得比别人少。像他这样的人，才能在必要的时候得到别人的效命，即使古代的名将也不过如此。

随后，司马迁又说李陵投降匈奴并不是真的投降，猜测他的真实意图是想等待适当的机会，建功赎罪，以报朝廷。现在，他败给匈奴是无可奈何的事，但话说回来，他重创伤敌人，就足够表扬于天下了。

司马迁本来准备好了充分的说辞，想将事实的可能真相及汉武帝的郁闷心结一一加以分析和排解。谁知他刚一开始表示同情李陵，并推崇其战果，汉武帝便忍不住大怒了。

（二）

司马迁的话让汉武帝十分恼火，他大声斥责司马迁道：

"你为叛国者辩护，美化千古罪人，实在不是一个合格的史官！你必须为你辩护付出代价！"

司马迁并不退却，而是一腔正气地说：

"陛下，微臣并非为李陵辩护，而是为国家之贤良受辱而叫屈。陛下试想，李陵以5000名步兵，杀匈奴上万骑兵，战绩显赫。而李广利以3万骑兵出征，结果一无所获。两相对照，功过不言而喻。但陛下现在却要治李陵叛国之罪，又为李广利请功受赏，陛下功过不分，赏罚不明，实在叫臣子们看来寒心！"

原来，这次对匈奴的战争最初是以李广利为主力的，李陵的任务不过是在战略上协助李广利牵制匈奴兵力的助攻而已。但是，打完仗的结果是：李广利出酒泉，击右贤王于天山（今新疆吐鲁番或哈密一带），斩房万余级，战绩不错。

可是在回程过程中，李广利部遭匈奴包围，好几天没粮食可吃，士卒死伤甚多，后来还是靠赵充国与百余壮士英勇突围，李广利才率兵跟着逃了出来。当初以3万人马出战，回来时损失了2万多人。

反观李陵，率5000名步兵深入敌人境地，与匈奴单于相遇，斩获无数敌人，几乎牵动了匈奴全国，战绩显然在李广利之上。

然而，汉武帝听了司马迁为李陵的辩护并指出李广利的不足后，觉得自己的君主颜面受到了极大的伤害，便挑衅地问道：

"司马迁，朕现在问你，你将怎样在史书上记载李陵叛国这件事呢？"

正直的司马迁回答道：

"作为史官，秉笔直书是我的责任。李陵不能定叛国之罪，他是无罪的。"

汉武帝更加恼火，怒问道：

"你以为你现在还有机会写这段历史吗？"

司马迁依然义正词严，说道：

"臣是在以事实说话。即使陛下为此而杀掉臣，也会有其他正直的史官如实地记载这段历史的！"

汉武帝心中明白，他一生征服无数人：王公大臣，四方夷民，甚至骁勇的匈奴。无数人都拜倒在他的面前，或者倒在他的屠刀之下，但唯独史官，他是征服不了的。甚至在史官面前，他才感到自己的渺小与无能。荒淫的商纣王，暴虐的秦始皇，这些人的劣迹都被史书一笔一笔地记载下来，无论时代如何变迁，他们的罪行始终写在人类历史上。

汉武帝虽然对此惊惧不已，但面子上却仍然要维护一个君主的绝对权威。他既然有意庇护李广利，自然不允许司马迁借李广利事件为李陵辩护。因此，汉武帝宣布道：

"司马迁，你污蔑贰将军李广利，赞颂李陵攻打匈奴有功，并为叛臣李陵辩护，简直就是罪不可赦！"

随后，汉武帝不等司马迁再辩解，就将他交付理官（狱官）关押审理。于是，司马迁被关进了监狱。

（三）

汉武帝经过一段时间的思考，也慢慢觉得：李陵之所以战败，是因为没有后援的缘故。他也想起当初是自己安排不妥，致使路博德有机会进奸诈之言。所以不久后，汉武帝派遣使者离开京师，去慰劳李陵军最后逃到边塞的400名士兵。

不过，司马迁的"罪责"并没有因此而消失，他仍然痛苦地在狱中等待判决，忍受狱吏凶恶的面孔。

在汉武帝时代，借重法家开发利源，同时由另一批法家严厉控制人民，以防叛乱，这两方面是集中国力一体两面的工作。因此，秦朝的法令再次复活，产生了不少酷吏。

这些酷吏的汉武帝的支持之下，往往滥杀、滥捕无辜，动不动就要杀掉几百人，甚至一次性毁灭千余家，即使一些朝中大臣也难逃他们的毒手。

在这种情况下，司马迁的处境必然是十分艰难，甚至是凄惨的，难怪他在《报任安书》中提到狱吏时说：

"见狱吏则头抢地，视徒隶（狱卒）则心惕息（害怕喘息）。"

由此可见狱吏的残忍程度！

很不幸的是，就在李陵案件发生的第二年，一个天大的误会再次发生了，结果让司马迁与李陵的处境急转直下。

公元前97年（天汉四年）春，汉武帝命公孙敖率领军队深入匈奴，以迎接李陵归国。显然，此时的汉武帝对李陵已经全然谅解。而这段时间，司马迁之所以迟迟没有被定罪，也可能与汉武帝的这种心情有关。这个行动如果成功，对司马迁的判决也可能会从轻发落。

可惜的是，公孙敖一行无功而返，并且还带回来一个更加令人震惊的消息，说他从捕获来的俘虏口中得知，李陵正在为匈奴操练兵马，准备对付汉朝。同时，公孙敖还将自己无功而返的原因归因于李陵。

汉武帝一听到这个消息，顿时火冒三丈。暴怒之下，汉武帝下令抄了李陵的家，将李陵的母亲、妻子等家人悉数杀掉。

这简直是一种惨绝人寰的刑罚！

当时，灭族已经是十分残酷的惩罚了，而其执行方法，据《汉书?刑法志》中记载夷三族（父族、母族、妻族，或父母、兄弟、妻子）的情形介绍称：凡当夷三族者，皆先黥（在脸上刺字）、劓（割鼻）、斩左右趾，然后笞杀之（用刑杖活活打死），最后还要枭其首（将头砍下来悬挂在木头桑），菹其骨肉于市（将尸体剁成肉酱）。如果牵涉诽谤的，还要先断其舌，可以说是五刑（黥、劓、断趾、断舌、枭首）俱备。而且还要先侮辱后再处死，处死后还要侮辱其尸首，实在是残忍至极！

由于李陵案的牵涉，司马迁也被判以"诬罔"之罪。所谓的"诬"，就是无中生有；所谓"罔"，就是欺骗。"诬罔"，也就是欺君之罪。

第十三章　忍辱受刑

貌言华也，至言实也，苦言药也，甘言疾也。

——（西汉）司马迁

（一）

按照汉朝的法律，"诬罔"是要被判死罪的。但不知又过了多久，事实的真相才被弄清楚。当李陵得知自己被灭族后，痛不欲生。他困惑地询问一位汉朝使者：

"我为大汉王朝率兵横行于匈奴，以无援而败，我究竟怎么辜负汉朝了？为什么要抄斩我的满门？"

汉朝使者将原委告诉李陵，李陵这才恍然大悟。当时哪里是他在为匈奴练兵啊！那个为匈奴练兵的人根本不是李陵，而是另一个名叫李绪的汉朝降将。一字之差，竟然让李陵遭受到这种巨大的人间惨祸！

李陵非常愤怒，立即派人杀掉了李绪。大概李绪很受单于之母大阏氏的宠爱，因此大阏氏非要因此杀掉李陵不可。幸亏单于很喜欢李陵，将他藏到了北方。直到大阏氏死后，李陵才又回到匈奴。

单于对李陵甚为礼遇，还将自己的女儿嫁给他，并立其为右校王，居在外，有大事才召回参议。从此，李陵也断了归汉的心，胡服胡语，永为异域之人。他十分痛恨汉武帝灭了他的满门，也恨"老母已死，虽欲报恩将安归"。

这个真相很快又传回了汉朝，60岁的汉武帝显然发觉自己又犯下了一个大错。但错已铸成，不能改变，汉武帝只能尽量减轻这件事上的过错。

这年秋天，朝廷公布了一条法令：

"令死罪人赎钱50万，减死一等。"

当时，朝中的一些财政官员搞出了卖官鬻爵、捐钱赎罪一类的措施，本来没什么奇怪的。但是，这条法令的公布，在时机上的巧合程度使人不免想到：这是否专门为司马迁而设立的呢？

汉武帝时期，用的是五铢钱，50万个五铢钱大约相当于5斤黄金的价值。拿出5斤黄金就可以免除死罪，这是司马迁唯一的生路。

可是，司马迁的父亲司马谈担任太史令30年，自己到入狱时也才作了10年的太史令。父亲和自己这两个俸禄只有600石的小官，如何能积累下这么多的财富呢？

司马迁又转而向朋友求借，结果竟是"交游莫救"，"左右亲近不为壹言"。有谁那么大胆，敢为一个因触怒皇帝而被判刑的罪犯出钱出力呢？谁又能保证帮了他的忙后，自己不会惹祸上身呢？

看似一条具有生机的法令，在司马迁这里却失去了作用。至此，摆在司马迁面前的只有三条路：一是自杀，以免受辱；二是接受死刑判决；还有一条路，就是以接受腐刑来免除死罪。

这条法令最早出现于汉景帝四年（公元前146年），到汉武帝时期仍然沿用。所谓腐刑，也就是男人去势的宫刑。因为男人去势后无法再生育，有如腐朽的木头不能再生果实一样，故而称为腐刑。

说到腐刑，我们首先想到的就是宦官。但在司马迁以前的时代，受

腐刑与作宦官，与普通士人比起来并不会受到太多的歧视。据说在很早的时候，在贵族阶级身旁常有一些由俘虏而来、或因罪被罚的同为贵族的人，由于聪明伶俐，或身怀技艺，在受腐刑后，为他们服务执役，其地位甚至在一般农牧工商的平民之上。

秦始皇时期，著名的大宦官赵高被任命为郎中令，而且还担任过秦二世胡亥的老师。司马迁所在的西汉时代距离秦朝不远，稍早一些的吕后，还曾封宦官为侯，而且汉朝的政治组织中，行政性质与宫廷服务性质并存，同时还保留不少遗风，知识分子所组成的政府组织还没有成熟到与宫廷截然分开的地步。因此，宦官也还没有被提升到"内廷"的控制集团，与宰相领导的"外廷"相互抗衡。

既然如此，后世所见的宦官恶劣形象尚未形成。所以，容易让人联想到宦官的腐刑虽然难免会遭到嘲笑，但还不至于如后世所想象得那么恶劣。

（二）

虽然当时对腐刑的歧视并不严重，但司马迁的想法却不同。48岁的司马迁，仅仅因为他的良心、公正和直言，就遭到如此不幸的冤狱，"交手足，受木索，暴肌肤，受榜棰，幽于圜墙之中；当此之时，见狱吏则头抢地，视徒隶则心惕息"，他该怎样对待这不测的命运呢？

司马迁想起自己的先人并没有立下什么赫赫功勋，小小的"文史星历"，不过是"卜祝"之流，皇帝视为供戏耍的倡优，社会上也没人瞧得起。他觉得，自己如果就这样"伏法受诛"，那不过"若九牛亡一毛，与蝼蚁何异"？而这样死去，又不能与那些轰轰烈烈的"死节者比"，别人也不过认为他是罪有应得。人难免有一死，但"死有重于泰山，或轻于鸿毛"，死亡的代价可大可小。

此时的司马迁，考虑最多的不是死或者不死的问题，而是值不值得死的问题。很显然，司马迁觉得自己这样死去是十分不值、毫无代价的。但不选择死，就要接受宫刑，这简直就是莫大的耻辱！

对于腐刑这一刑罚，司马迁认为：

"太上不辱先，其次不辱身，其次不辱理色，其次不辱辞令，其次诎体受辱，其次易服受辱，其次关木索被楚受辱，其次剃毛发婴金铁受辱，其次毁肌肤断支体受辱，最下腐刑，极矣。"

在司马迁看来，人有十等：第一流的人不辱及祖先，次一等的本身不受辱，再次一等的颜色不受辱，再次一等的言辞卜受辱，再次一等的卑躯（如叩头长拜等）受辱，再次一等的穿囚服受辱，再次一等的被戴上刑具受刑罚受辱，再次一等的剔除毛发、头上带铁索受辱，再次一等的被毁肌肤、断肢体而受辱，而最下等的就是遭受腐刑。

因此，司马迁认为遭受宫刑简直就是奇耻大辱。他甚至举出三个历史上受腐刑而被歧视的例子，然后说：

"夫中材之士，事有关于宦竖，莫不伤气，况慷慨之士乎！"

意思是说，那些才能平庸的人，事情只要涉及到宦官，就没有不感到丧气的，何况是那些志气昂扬的人呢！

司马迁以"慷慨之士"自居，视腐刑为无以复加的耻辱，因此摆在面前的似乎只有自杀免辱这一条路了。因为喊冤接受死刑判决也是受辱，而"慷慨之士"的表现之一便是在必要时能够引刀自绝。

按照司马迁的性格，他是完全有勇气自绝的。但是，慷慨就死诚然痛快，自己长久以来所追求的理想，也会随着生命的消逝而变成泡影。父亲临终前所说的"废天下之史文，余甚惧焉，汝其念哉！"犹在耳际，而当时自己"俯首流涕"地答应父亲"请悉论仙人所次旧

闻，弗敢阙！"当时的场景还历历在目。

父亲死后，自己跟随汉武帝巡游天下，访问故迹遗老所编写而成的论著构思，已经跃然笔墨之间。如果只图一时之勇，贸然自绝，那么之前的所有努力就会成为未竟的断简残篇。

司马迁又想起了西伯、李斯、韩信、彭越、周勃、窦婴、季布、灌夫等人物，"皆身至王侯将相，声闻邻国"。但到了祸临莫测之时，也都不能断然自裁，而忍垢于尘埃之中。古今多少豪杰，还不是一样要受辱吗？所谓勇敢还是怯懦，都是由于当时的形势所决定的。

而且司马迁还觉得，一个人"不能蚤自财绳墨之外，已稍陵夷至于鞭棰之间，乃欲引节，斯不亦远乎！"

意思是说：一个人不能早早地自杀以逃脱于法网之外，而到了被摧残和被杖打受刑的时候，才想到保全节操，这种愿望和现实不是相距太远了吗？

这样一想，司马迁反而在死与受辱之间的纠缠中解脱出来，他决定舍死求生，保住的一条性命，为了答应父亲的承诺，也为了自己未完成的理想而活下去。但即使承认自己是个怯懦之人，想要苟且偷生，他也晓得自己该何去何从。除了自己的平生著作理想还未实现之外，司马迁觉得，自己实在没有其他忍辱苟活的道理了。

（三）

经过一番痛苦的思想斗争后，司马迁决定忍辱含垢，勇敢地活下来，坚持他的著作理想。

在天汉三年与太史元年间（公元前97—前96年），司马迁"卒从吏议"，甘心下"蚕室"（执行腐刑的一种特别的监狱），接受腐刑，以免除死罪。在行刑时，司马迁"就极刑而无愠色"，遭受了残酷的、耻辱的腐刑，依然面无愠色。

受刑后的司马迁，"肠一日而九回，居则忽忽若有所亡，出则不知所如往"，整天恍恍惚惚，不可终日。只因为李陵辩护了几句，便遭此横祸，他的那些乡亲们都纷纷耻笑他，说他侮辱了祖先。他也自觉"亦何面目复上父母之丘墓乎"，觉得愧对死去的父母。每每想到这些，就"汗未尝不发背沾衣也"。

遭受腐刑之后，司马迁已经不再适宜担任太史令了，因为那是与管宗庙有关的官职，身体"残缺"的人是不适合担任的。

而汉武帝这边，由于李陵案已经过去，他心中清楚，李陵是被他的几次误会逼得彻底反了汉，这件事至此已经没有追究的必要了。因此，他将司马迁释放出狱后，便又将其调到自己身边工作。

封建社会宦官的得权，通常都认为上溯到汉武帝时期。晚年的汉武帝，大多在后宫决事，身边自然形成了一个在宫内作为皇帝统治工具的集团，即内廷。但那个时候，还没发展到宦官专权的局面。汉武帝晚年既然经常在后宫"遥控"政府，那么原来掌管秘书工作的尚书，就有机会在宫中掌管权力。

尚书的主管为尚书令，本来是由士人担任。但后来逐渐由宦官担任，便改称为"中书谒者令"，又称中书令。

不论是尚书、中书还是其他秘书性质的宫廷职位，都是由皇帝在后宫逐渐赋予的权力，等权力和业务范围膨胀到与行政机关相同，甚至大于行政机关以后，就会被推到外廷，成为正式的行政机构。随后，皇帝又会在宫内另外建立内廷系统。后世行政系统中的尚书、中书等，就是这样形成的。

公元前96年（太始元年）前后，司马迁被汉武帝任命为中书令。

中书令一职位，"领赞尚书，出入奏事，秩千石"。这个职位要比太史令的职位高，其主要事务就是将皇帝的命令下到尚书，也将尚书的奏事转呈给皇帝。

从此以后，司马迁便以一个宦官的身份，在内廷伺候汉武帝，而且也更加接近汉武帝。这种状况好像是"尊崇任责"，但实际上已经"为埽除之隶""闺阁之臣"了。与后世担任这种职务的宦官比起来，除了坚持著述工作之外，他只是个安分守己的秘书长，没有任何掌权的机会，当然，也没有掌权的心情。

自从公元前104年（太初元年）开始动笔写史记，到李陵案件发生被下入狱，司马迁的《史记》撰写工作已经进行了7年。在狱中的两三年时间内，司马迁也没有停顿，但心情却发生了全然的改变，并且这种情绪一直延续到《史记》完成为止。在巨著《史记》当中，李陵案的余响往往可以闻见，司马迁所受到的创伤在此中也有着相当程度的反映。

　　司马迁在写《史记》时，直录无隐，不畏权贵，揭露了汉武帝许多错误，结果引起了汉武帝的不满。"巫蛊冤案"后，汉武帝又听信谗言，认为司马迁是其中的主谋之一，将司马迁定为"叛臣"，并诏令官家经史不准记载司马迁的事迹。有敢记载者，与司马迁同罪。

　　司马迁死后，很多年都无人敢祭拜，直到晋代夏阳（今韩城）出了个汉阳太守殷济。他自幼喜欢《史记》，崇尚司马迁。在殷济的努力下，太史司马祠建成了。随后，殷济还在夏阳县北原的梁山余脉中选了个风景秀丽的地方，为司马迁的挚友苏武建立了一座庙宇，以纪念这位在北国牧羊19年，矢志不降匈奴的汉朝忠臣。

第十四章　潜心修史

善用兵者，不以短击长，而以长击短。

——（西汉）司马迁

（一）

在写作《史记》的过程中，司马迁经历了李陵案件的沉重打击，心情一度极其悲观失望，甚至丧失了前进的勇气和信心。但在这痛苦的过程中，他想到了贾谊。这个才华横溢却因悲观沉沦而英年早逝的天才，最终没有太大成就，空让人扼腕叹息。

贾谊才华横溢，颇具天长，曾倡导"移风易俗，使天下回心而向道"。在当时，这是难以被既得利益的贵族们所理解和支持的。当时，虽然汉文帝很宠信贾谊，欣赏他的才华，想将他提拔到公卿的高位上去，但却遭到了有权势的朝中大臣们的坚决反对。他们纷纷诋毁贾谊为所欲为，独揽大权，文帝无奈，只好疏远贾谊，让他离开朝廷，到南方去做长沙王太傅，以减少朝廷内部的矛盾。

贾谊被迫离开朝廷，给他的雄心壮志以很大的打击。当他路过湘水时，写了《吊屈原赋》，借吊唁屈原来哀叹自己命运的不济。

后来，长沙梁怀王刘揖不慎摔死，贾谊深感内疚，认为是自己没有

103

尽到老师的职责，常常自怨自艾，痛哭流涕。经过一年多的光景，贾谊便郁郁而终，时年仅33岁。

这件事令司马迁警觉起来，认为自己决不能像贾谊那样消极，必须克服自己的悲观心理，完成自己未竟的事业。他通过贾谊因悲观失望而终究一无所成的结局中也看到：一个人在挫折面前必须坦然面对，克服悲观心理，继续以强大的心胸去完成自己的事业，否则就会彻底失败。

因此，在惨遭宫刑之后，司马迁并没有消极颓废，而是以更加积极、更加奋进的精神，发愤著书，以期尽快完成《史记》的创作。

所谓"发愤著书"，就是要宣泄自己心中的郁结。在《太史公自序》和《报任安书》中，司马迁都说：

"那时，周文王被拘禁而推演出《周易》；孔子处境不好写出了《春秋》；屈原被放逐后才写出《离骚》；左丘失明了，大概才有了《国语》；孙膑受了膑刑，写出了兵法；吕不韦被贬到蜀地，世上才有了《吕氏春秋》；韩非子被囚禁于秦国，著出了《孤愤》；《诗经》，大概也是圣人经过磨难写出来的吧。"

可见，司马迁对"发愤著书"是有着十分深刻的理解的。

在受祸之前，司马迁在创作上是继承了孔子的"乐而不淫，哀而不伤"的文学观，在创作上也属于浪漫风雅派的。但遭受腐刑之后，司马迁的创作态度发生了彻底的改变。他义无反顾地冲破孔子文学观的界限，提出了"发愤著书，肆于心而为文"的文学创作观。

他还从屈原的身上发现了自己的影子，决心以屈原为楷模，在《史记》中尽情抒发自己的爱憎，并且十分赞赏行为极端的人物，其中以伍子胥复仇为最。

在写伍子胥复仇一节中，司马迁不仅写伍子胥带领敌国之兵灭父

母之邦，还要掘墓鞭打故君楚王。这种复仇之火将封建传统的君臣之礼、忠恕之道化作一缕青烟。从中可以看出，司马迁写伍子胥胸中的仇恨，已经超越了伍子胥本人的表现，而进行了一定的艺术化夸张，带有强烈的文学色彩。这种夸张的情绪，就是司马迁在倾诉自己内心的愤懑，从而借伍子胥复仇这一事件抒发出来了。

在《史记》这部鸿篇巨著中，很多英雄任务都带有司马迁"发愤著书"的痕迹。也正是借助这种情绪和动力，才让司马迁的精神始终处于一种亢奋状态，才有力量继续著述他的《史记》，最终达到成功的彼岸。

（二）

惨遭宫刑之后，司马迁不仅没有沉沦堕落，反而因个人的不幸命运而使思想变得更加理性、成熟起来。尤其是对历史人物的看法，司马迁不再以成败论英雄，从而树立起了新的进步的历史价值观。

在司马迁之前的朝代，很多人都是文武兼备，但却一直郁郁不得志，甚至惨遭厄运。如汉代周亚夫被饿死，邓通贫穷致死，李广难以封侯；开国功臣如韩信、彭越等人，因功高盖主而遭杀害；司马穰苴、韩非、信陵君、白起、伍子胥等，因政治不成熟，又恃才傲物而遭谗受害。

这些人物虽然失败了，但在司马迁看来，他们的历史功绩是不能抹杀的。因此，司马迁给予了他们很高的评价，以还真实的历史给后世之人。

在撰写《史记》过程中，司马迁还特别对项羽这个失败的英雄进行了详细的描写，并且给予了他高度的评价和深刻的同情。

在为项羽作传时，司马迁有意将他列入本纪之中。因为司马迁认为，项羽虽然没有帝王名号，但其成就与功勋却是与西汉开国帝王刘邦等同的。在垓下之战时，项羽落入重围，陷入末路，禁不住慷慨悲歌：

"力拔山兮气盖世，时不利兮骓不逝。骓不逝兮可奈何？虞兮虞兮奈若何！"

面临灭亡，项羽对身边的28位随从慷慨陈词，说道：

"吾起兵至今八岁矣，身七十余战，所当者破，所击者服，未尝败北，遂霸有天下。然今卒困于此，此天之亡哦，非战之罪也。"

这几段话在《史记》中被司马迁描写得生动传神，表现出了项羽一生在霸业上的成就与绝不认输的英雄气概。

在司马迁看来，项羽虽然身败而死，但他的英雄气概，他曾经建立的霸业，都是不朽的。因此，司马迁给予了项羽很高的评价，热情讴歌了他的功绩与历史形象，并对这个失败的霸王给予了深刻的同情。

除了项羽外，司马迁笔下的悲剧人物还有很多，且各色人物也读都各有优点。比如：他们不认命，不逆来顺受，敢于直面人生而抗争。虽然他们最终失败，成为悲剧人物，但司马迁却都给予了他们深切的同情，同时也吸取了这些人物失败的教训。

在中国历史上，为帝王将相写史的历史学家们都习惯性地以成败论英雄。在司马迁之前，这一历史观已经成了史学家们的思维定势。但是，司马迁敢于突破前人的桎梏，突破以往不成文的传统，冒天下之大不韪，讴歌失败的英雄，这深刻地反映了他公正的历史价值观，以及看待历史人物功绩的科学态度。

而作为一个封建的历史学家，司马迁能够对失败的英雄有着这样客观而公允的历史评价，无疑与他自身所遭遇的巨大不幸是紧密相连的。

（三）

司马迁被汉武帝提升为中书令之后，很多官员开始改变过去对他的冷漠与嘲讽态度，转而巴结司马迁。但此时的司马迁并没有迷失方向，他始终没有忘记自己编写《史记》的重大责任。

为了尽快完成《史记》，司马迁不贪恋个人荣耀，不参与朝中显贵们的聚会，省去了很多交际，甚至连朝中大事也不过多参与。汉武帝顾恋司马迁的才学，因此也不治他参政不力的罪名。但有一次，汉武帝对他的行为感到无法容忍了。

这年，汉武帝的女儿出嫁，在宫中大宴群臣。这么重要的事情，司马迁是必须参与的。而这个时候，司马迁的写作正处于关键时期，每天都从清早忙到深夜，实在分不开身。直到宴会马上要开始了，他还在奋笔疾书。

汉武帝派人来催了好几次，马车夫急得都跑了进来，催司马迁赶快进攻。但司马迁却说：

"公主出阁事大，还是修史事大？我将这部分写完就走！"

车夫着急地催促道：

"当然是公主出阁更重要啊！那是千金之躯，金枝玉叶，你这一大堆破旧竹简，怎么能与公主出阁的大事相比呢？"

"此言差矣！"

司马迁说完，便不再理会车夫，依旧埋头著书。此时，他的胸中正装着一段沉甸甸的历史，必须一吐为快，否则便感到几乎不能呼吸一样。

这时，汉武帝正在宫中大摆筵席，他的宝贝女儿要出嫁了，他可是很久都没这么高兴了。女儿出嫁这样的盛典，君臣济济一堂，可谓数年来君臣之间最为和谐的一件喜事。这样的盛况，需要有史官记录下来，让后人知晓。

于是，汉武帝很自然地想到了司马迁。可派人催了几次，司马迁仍然没露面。一个小小的史官，竟然敢违背皇帝的命令，这让武帝胸中顿起怒火，便问左右官员道：

"中书令司马迁怎么还没来？"

左右大臣你看看我，我看看你，不知该如何回答。

汉武帝见状大怒，喝道：

"来人，把司马迁给我带来！朕倒是要看看，他有何事，竟然比公主出阁还重要！"

朝臣见司马迁被皇帝数落，立即开始在皇帝面前攻击司马迁。在朝臣看来，今日公主出阁，正是恭维皇帝的好机会，应该令龙颜大悦。可司马迁偏偏不识时务，疏忽如此重要的事情。

不一会儿，司马迁便被带入宫中。汉武帝大声责备道：

"司马迁，朕知道你的修史，脱不开身，朕宽宏大量，不怪罪你。可朕想看看，你在史书中是如何写朕的，到底朕在你眼中是明君还是昏君！"

群臣一听，纷纷附和道：

"陛下英明，千古帝王，无人能比！"

汉武帝命人将司马迁写好的竹简搬过来，摆在自己面前，然后翻到《武帝本纪》一章，仔细看了起来。

这部分内容自然还没有结尾，但武帝没看多少，就气得差点昏过去。他自认为是个雄才大略的皇帝，然而在史官司马迁眼中，他却不过是个既有英明也有昏庸、既有刚毅果敢又有残忍冷酷的铁血君主，而且还经常是非不分，包庇亲信。

汉武帝气得脸色铁青，怒道：

"司马迁，你对朕的描写有悖于真实，朕不是你所写的那种人！朕问你，你是要你身为中书令的荣耀，还是要你的那些迂腐的文字？"

司马迁毫无惧色，斩钉截铁地说：

"臣要真理！臣要给后世还原历史的真实面目！"

汉武帝怒不可遏，下令将司马迁再次打入狱中。

司马迁入狱不久，朝中便有正直的大臣为其求情，并说历代明君无杀史官的前例。汉武帝也自知理亏，又将司马迁放了出来。

这一次入狱，让司马迁对专制君主的认识更加深刻了许多。在专制君主眼中，人民不过是他们的一群羔羊，想杀就杀，想关就关，毫无道理可言。因此，司马迁对封建君主的暴政统治也更加痛恨。他从同情人民的立场出发，在《史记》中贯穿了许多反抗暴政的思想。

在司马迁看来，民贱君贵是暴君执政，注定是要灭亡的。只有爱护百姓、施行仁政的君主，才能给人们带来福祉，也才能获得人民的爱戴。这种关系就是民为贵、君为轻。

为此，司马迁也在《史记》中写下了一系列明君贤臣的典型，如商汤、周公、孝文帝等。这些明君所拥有的共同品质，就是倡导"民贵君轻"的统治之道。

古往今来，都是得民心者得天下，尽管司马迁是站在封建统治阶级的立场，他的思想也是为统治阶级巩固政权提供指导和借鉴的，但他的重民轻君思想对后世统治者却产生了深远的影响。这也是司马迁发愤著书，并最终成为史圣，且长期以来深受称颂和赞扬的一个重要原因。

　　据记载，韩城"城内有太史公祠，年月邑人莫不祭之。有孝廉徐氏携香火入试燕京，号称'助文'。"如今，韩城人每逢节日仍然有祭拜司马迁的习俗，传说可以保佑远行之人，尤其是能让远行的士人举予得到平安与功名。

第十五章　实录武帝

燕雀焉知鸿鹄之志哉？

——（西汉）司马迁

（一）

汉武帝在位的几十年中，文网严密，尤其是汉武帝进入晚年后，开始变得沽名钓誉，目空一切，自以为是千古一帝，因此根本听不进任何逆耳之言，更听不进任何善意的批评，大臣们因谏言而获罪的甚多。

在这种情况下，敢于在汉武帝面前进言的越来越少，汉武帝也觉得耳边清静了许多，以为天下已经在自己的统治之下真正太平了，自己在历史上也可以功德圆满了。

谏臣是没有了，但汉武帝又有了新的担忧。司马迁等史官都在撰写史书，汉武帝不知道自己到底被这些史官们写成了什么样。上次看过司马迁写的自己的传记，虽然只看了个开头，但武帝已经看出，司马迁对自己的评价并不高，甚至还多有怨愤。这成了汉武帝的一块心病。于是，武帝找来酷吏杜周商量对策。

杜周，字长孺，西汉南阳郡杜衍县（在今河南南阳市西南）人，出身小吏，甚有能名。由于他执法严峻，奏事称旨，因而深得汉武帝的赏识，并加以重用。杜周平素沉默寡言，老成持重，外宽柔而内深刻，史称"内深刺骨"，比起当时以严酷著称的其他一些"酷吏"，他的执法尤为严酷。

杜周可以说是司马迁的冤家对头。司马迁入狱、受刑，杜周就是具体执行者，对司马迁用尽了各种酷刑，使司马迁遭受到了残酷的身体和精神折磨。

因此，当汉武帝召来杜周后，杜周马上向汉武帝谏言说：

"臣听说司马迁在史书中不但对陛下有不敬之言，还诽谤高祖皇帝，称他少时有流氓习性，这已经是死罪了！只要陛下一声令下，以诽谤先王之罪逮捕他入狱，臣保证叫他有去无回！"

但汉武帝却说：

"司马迁并非寻常之辈，用此法处置他，恐怕会令天下人不服，有损朕的仁德。"

接着，武帝又说道：

"朕听说他的《史记》快写完了，还听大臣们议论说，这《史记》写得如何如何好，简直是古今无双，堪与孔子的《春秋》、屈原的《离骚》相媲美。朕并非秦始皇，不想焚书坑儒。"

一向以凶残著称的杜周无论如何也想不明白，平时待臣子铁面无情的汉武帝，今天怎么一下子变得这样仁慈呢？

事实上，汉武帝并非不想杀司马迁，他只是不想让后世取笑他。杀其他大臣可以，但若杀了司马迁这样的史官，后世之人就会永远贬憎他。

经过一番思想斗争，汉武帝下令请来了司马迁，并单独置备酒席，与之对饮。武帝的突然厚待让司马迁受宠若惊。自从上次看了《武帝本纪》后，汉武帝便常常对自己怒目而视。现在突然如此亲密，司马迁不知道武帝究竟要干什么。

酒过三巡之后，司马迁壮着胆子对武帝说道：

"陛下，微臣斗胆直言，劝陛下爱惜身体，勿多饮酒而伤身，以保陛下龙体安康，便是我大汉的福气。"

汉武帝听完，冷冷说道：

"难得你还想着朕的身体。只是你说的是真话吗？你不是希望朕早日升天吗？"

司马迁顿时酒意全消，吓得慌忙跪地磕头，恭谦地说：

"臣不敢。臣为陛下，忠心耿耿，臣愿陛下永享盛世。"

汉武帝哈哈大笑起来，说道：

"司马迁，你的忠心朕明白。你与其他朝臣不同，他们表面这样磕头，心里却希望朕早日退位或死去。朕老了，没有力量治理国家了！"

司马迁抬头看了看汉武帝，这个曾经神圣威严、不可一世的皇帝，如今一脸的疲惫，像个小老头。但就是这个小老头，却依然牢固地掌握着天下所有人的生杀大权。而现在，这个小老头还用一种极其严厉的目光审视着司马迁。他想知道，到底是司马迁屈从于自己，还是自己将要屈服于司马迁，到底谁才是历史的胜利者？

停了一会儿，汉武帝又说：

"司马迁，朕今日请你喝酒，是想庆贺你的《史记》即将完成。你可要记得朕请你喝的这美酒啊！"

至此，司马迁才完全弄清汉武帝的心思。他虽然感到一丝害怕，但还是说：

"陛下，臣写史书，句句都是秉笔直书，绝不因个人感情而吹捧某人，也不因个人感情而贬损某人。既然陛下要臣写史，臣就要对得起历史，对得起天地良心！"

汉武帝知道，司马迁是个硬骨头，靠威吓与笼络都是没用的，而且他也不想在一个臣子面前丧失自己作为君主的高贵与尊严，因此又说道：

"朕知道，有很多人赞誉你的史书，但也有很多人对你的史书恨之入骨，恨不能付之一炬。朕现在想让天下人提前看看你的杰作，以便日后传布于天下，你看如何？"

司马迁不敢拒绝，只好点头答应。汉武帝见状，脸上露出胜利者的笑容。他相信，司马迁一介文人，是斗不过他这个政治高手的。

（二）

汉武帝既不想杀掉司马迁，被后人贬憎，又不想让司马迁笔下不完美的自己流传于世，于是便想找了这样一个借口，准备将司马迁撰写的《史记》要过来篡改了，这样自己在后世人的眼中便不再那么不完美了。

但是，这次汉武帝是彻底错了。司马迁早在刚刚开始撰写《史记》时，就备写了副本，并将之藏于深山之中。这样一来，即使正本《史记》被汉武帝篡改或焚烧掉，还有一个副本保存于民间。

果然，汉武帝派人将司马迁所写的《史记》竹简运走了，运到皇家图书馆中保存。同时，汉武帝还秘密派人将写他的《武帝本纪》找出来，对写他不好的部分作了篡改。

虽然汉武帝将他运回去的《史记》作了篡改，但这并不妨碍司马迁对他的客观评价。司马迁的一生，是与汉武帝相始终的。汉武帝的雄才大略，一生功过是非，作为史官兼近臣的司马迁看得最为清楚。在司马迁看来，汉武帝无疑是可以称得上一代雄主的。

之所以能够称得上是一位雄才伟略的英明皇帝，除了汉武帝早期在国内倡导儒术，发展经济，打击豪强与地方王侯势力，巩固中央集权

之外，与匈奴的几十年抗争，令匈奴臣服，也是他赫赫战绩的重要部分。以往的汉朝皇帝，包括汉高祖，在征讨匈奴上，都远远不及汉武帝的功绩那么大。

秦朝统治时期，秦始皇将法家思想当作统治思想，焚书坑儒，施行暴政，结果秦二世而亡。刘邦夺取天下，建立汉朝之后，未知学术的重要性；文、景二帝即位后，忙于恢复经济和镇压叛乱，无暇顾及文化的发展，致使汉朝学术一片空白。

汉武帝即位后，开始罢黜百家，独尊儒术，并将入学当成封建王朝的统治思想，还采取了一系列的组织措施，使儒学得到了很好的发展和流行。对此，董仲舒曰：

"臣愚以为不在六艺之科，孔子之术者，皆绝其道，勿使并进。邪辟之说息，然后统纪可一而法度可明，民知所从矣。"

这句话的意思是说：只要不是在六艺之列的（六艺指过去读书人必备的六种才能，即礼、乐、射、御、书、数），与孔子那一套儒家思想的人，都不许其发展下去，不允许和儒家思想一起并存。那些乱七八糟的教派和学说就不会再来迷惑百姓，国家的法律和制度才能显示出地位，老百姓也才知道用什么样的方式去教育子孙后代。

董仲舒所说的这些，也正是司马迁所倡导的。司马迁曾说：

"自天子王侯，中国言六艺者，折中于夫子。"

意思是说：从天子王公贵族，中国谈"六艺"的人都以孔子榜样，孔子可以说是至大的圣人。

在司马迁之前，这样的话未免有些夸大了。但自从汉武帝施行罢黜百家、独尊儒术的措施后，孔子在西汉便日益显赫起来，并在此后2000多年的封建社会中成为万世师表，其所倡导的儒学也成为封建社会的正统思想。

115

正因为如此，司马迁对汉武帝的这一功绩表示出了高度的赞誉。

（三）

在对待匈奴的问题上，汉武帝也是功不可没。匈奴是生活在我国北方地区的一个古老民族，善于骑射。大约在战国后期，匈奴开始进入奴隶社会。贪婪的奴隶主贵族在其首领单于的带领之下，不断南侵，掠夺内地的人口和财物，在几个世纪中都给中原人民的政治、经济和文化生活带来了巨大的破坏和影响。

公元前129年，匈奴兴兵入塞，烧杀抢掠，致使边塞烽火狼烟，不得安宁。汉武帝遂派卫青、公孙敖、公孙贺、李广四路人马，出兵攻打匈奴。此后，汉军又接连组织了三次大的战役，终于令北方的形势发生了根本性的变化。

公元前127年，匈奴又从东部入寇，杀辽西（今辽宁义县以西）太守，从渔阳郡（今北京密云县西）掳走2000余人。汉武帝又派卫青率兵出击，横扫河套南部直到陇西，赶走了匈奴的白羊王和楼烦王，占领河套南部。

公元前121年，汉武帝又派霍去病等前后两次从陇西、北地（今甘肃庆阳北）出击匈奴。这次行动俘虏和斩杀诸小王及浑邪王子、相国、都尉等百余人，士兵4万余人，并夺得休屠王用以祭天的金人。

与此同时，这次战役还挑起了匈奴内部的争斗，致使匈奴失去了水草丰美的河西地区，并切断了匈奴与西羌的联系，打开了汉朝通往西域及中亚各地的门户，对当时及以后的影响都是十分巨大的。

匈奴接连遭遇失败，遂决定将主力退到漠北，想利用沙漠的险阻将汉军拖垮。汉武帝与朝臣商议后，决定发动大军穿越沙漠，去消灭匈

奴主力。于是，汉军与匈奴进行了第三次战争，史称"绝漠远征"。

此次远征，汉军集中了精骑队伍数十万人，由大将军卫青和骠骑将军霍去病各带一半，分别从定襄（今内蒙古和林格尔）和代郡出塞，分东西两路直插漠北。

远征的结果，卫青部共俘虏和斩获敌军1.9万余人，霍去病俘虏和斩获敌军7万多人，令匈奴受到了致命的打击。

从此以后，匈奴便将政治中心转移到漠北一带，再也不敢到大漠以南设置王庭了。西汉建国以来近500年的匈奴边患，终于在汉武帝的打击之下得到了解决。

在撰写《史记》过程中，司马迁特作了《匈奴列传》，记载了汉武帝与匈奴之间爆发的数次战争，表现了汉武帝在征讨匈奴、稳定边疆上所做出的出色贡献。

同时，司马迁还分别为在征讨匈奴战争中建立赫赫战功的卫青、霍去病、李广等人写了传，以表彰他们在征伐匈奴、保卫国家稳定和统一的战争中所建立的不朽功勋。这也是司马迁对汉武帝讨伐匈奴的丰功伟绩的一种间接赞颂。

在与匈奴进行长期征战的过程中，汉武帝还持着和平的橄榄枝，派遣和平使者前往西方诸国，表现出了睁眼看世界的开阔胸怀。这种在乱世之中仍然发出欲与世界谋求和平发展信号的政治家，其博大宽广的胸襟是很罕见的。也正基于这种博大胸襟的魅力，才使汉武帝成为中国历史上少有的几位最杰出的帝王之一。

　　司马迁影像的墨刻都没有胡须，因为他受了腐刑，胡须随之脱光。但其故里今存的太史塑像却是长须垂胸，原因是司马迁的夫人柳倩娘是位画家，将丈夫一生各个时期的容貌都画有影像并留存下来。司马迁死后，柳倩娘特意让儿子请来塑像大师，塑出的父亲塑像，仪容与母亲所画的长须拂胸像完全相同，且惟妙惟肖，更加风韵传神。如今汉太史司马祠的塑像，就是依照柳倩娘的画像所塑，由于保持了司马迁的真实容貌，文物价值很高。

第十六章　巫蛊之祸

泰山不让土壤，故能成其大；河海不择细流，故能就其深。

——（西汉）司马迁

（一）

虽然司马迁对汉武帝的功绩颇有赞誉，但对他的缺点和不足也给予了客观的评价。尤其是晚年时期的汉武帝，在政治上的昏庸程度难免令人嗟叹。

作为一个封建帝王，早期的汉武帝与晚年时相比，在思想、行为上的波动很大。早年的汉武帝，在思想上积极进取。他兴修水利，改进生产工具，发展农业，遣使通往西域，开辟丝绸之路，讨伐匈奴，倡导儒术，做出了不少有利于国家统一、有利于封建制度巩固的大事。可以说，早期的汉武帝功劳巨大，成就盖世，司马迁也是崇敬不已。

但是，当功绩发展到巅峰后，武帝的享乐欲望也愈来愈强烈起来，在政治上也日渐昏庸，并作出了不少荒唐之事，著名的巫蛊之祸便是其中之一。

所谓"巫"，就是巫祝，自称能与神灵想通，为人祈祷者；"蛊"的本意是蛊毒，造蛊的方法就是将白虫放入一个容器中，让它们自相残杀，最后战胜百虫独自存活下来的就是蛊。如果将蛊放入人的食物中，就会令人发狂失态，所以引申为"惑"的意思。巫者以巫术害人也叫蛊，巫蛊指的就是这个意思。

在封建社会，巫蛊的方法就是将木偶埋下祭祀，诅咒所痛恨的人，使被诅咒的人遭遇灾祸。因此，蛊也指人所埋下的木偶。

这种巫术由来已久，因巫蛊而引起祸乱的事情也时有耳闻，并且以汉武帝时期最为严重。因为汉武帝最信奉鬼神，经常举行各种祭祀祈祷活动，结果令方士神巫之流大行其道，巫蛊害人之术自然也兴盛起来。

西汉时期的巫蛊冤案，是指发生在公元前91年（征和二年）的一次皇室悲剧。早在公元前130年时，即司马迁16岁那年，宫廷中就曾经发生过陈皇后（汉武帝姑妈嫖的女儿，第一任皇后）因巫蛊被废的案件，被杀者多达300余人。而征和二年的这次案件，被杀者前后近20万人，而被害的主要人物则是太子刘据和他的母亲卫子夫。

这件冤案发生的原因有三个：

第一，公元前94年，钩弋夫人生下皇子弗陵，即汉武帝死后继位的昭帝。由于钩弋夫人怀孕时间长达14个月，汉武帝又听说尧也是14个月才出生的，便将弗陵诞生的地方称为"尧母门"。

汉武帝的这个举动，令一些心怀叵测的奸人敏感地意识到，汉武帝是极其疼爱这个皇子的，很可能日后会传位给他，因此便萌生了除掉太子刘据和皇后卫子夫的念头。

第二，在太子刘据成长过程中，汉武帝经常给予他决策大事的机会，以锻炼太子的胆识和能力。但是，太子与汉武帝的性格、作风完全不同。汉武帝刚毅严苛，太子宽厚仁慈。因此，群臣凡主宽厚者多依附太子；而秉承汉武帝的意思，执法严酷的大臣则纷纷诽谤太子。尤其是卫青去世之后，卫皇后母子更是失去了有力的保障，那些反对太子的大臣纷纷起了加害太子之心。

第三，当时有个专门为汉武帝监视贵族近臣的特殊，名叫江充，极受武帝宠爱，被任命为直指绣衣使者。这个人与太子素来不和。汉武帝当时已经60多岁了，江充恐怕日后皇位由刘据继承对他不利，因此时时寻找机会加害太子。

在这三种情况之下，太子刘据的处境十分危险。只要稍有闪失，他就可能被害。不幸的是，晚年时期的汉武帝体弱多病，经常疑神疑鬼，有时突然梦见有上千木头人手持木棍来打他，惊醒后往往数日闷闷不乐。

由此，汉武帝就认为是臣下和吏民在用巫蛊诅咒他，于是便派亲信江充带领巫师和兵丁到各处查访。

江充趁机捣鬼，预先偷偷埋好诅咒人用的木偶，然后再公开去挖掘出来。有了这些"证据"，江充便四处抓人，并屈打成招，陷害那些与自己有过私仇的人，致使巫蛊案越闹越大，前后杀害几万人，连丞相公孙贺父子、汉武帝的女儿诸邑公主、阳石公主、卫皇后的侄子长平侯卫伉等显贵人物，也都惨遭诛灭。

（二）

巫蛊事件愈闹愈烈，最后竟然闹到了皇后卫子夫与太子刘据身上。狡猾的江充为了保全自己，便意图除掉太子。于是，他带人冲入太子宫中，称那里也发现有桐木偶人，是诅咒武帝早死的。

太子和皇后等早就因为巫蛊事件恨透了江充。现在见他居然又到皇宫中栽赃，不由大怒，便同少傅石德商议，假传圣旨，调集武士，捕杀江充及其同党。

这时，汉武帝正在几百里外的甘泉宫避暑养病，对朝中发生的情况了解并不全面。当接到报告后，武帝没问青红皂白，以为太子是要谋反，因此立即责令丞相刘屈氂发兵讨伐太子。

两军在长安城中大战了几天，死伤几万人，非常惨烈。最终太子刘据兵败逃走，一路向东逃到湖县（今河南灵宝西），隐藏在一个名叫泉鸠里的村落。

泉鸠里有个名叫庞公的农夫，家境贫寒，但心地善良。他见太子可怜，便收留了太子，还经常靠织卖草鞋换来的钱奉养太子。

太子有一位以前的旧识就住在湖县，听说很富有。于是，太子就派人去叫他，希望能够得到他的帮助，结果导致消息泄露。

这年的八月辛亥（初八），地方官围捕了太子刘据的藏身地。太子知道自己难逃厄运，回到屋中自缢而死。主人庞公为了保护太子，与搜捕太子的人格斗而死，两位皇孙也一同遇害。

太子刘据有三子一女，全部因巫蛊之乱而遇害，只有太子之子、皇孙刘进有一子刘病已幸存，当时尚在襁褓中，后改名刘询，是为汉宣帝。

早在太子逃出京城后，汉武帝便诏遣宗正刘长乐、执金吾刘敢奉策收皇后卫子夫玺绶。卫子夫无奈，只好自缢身亡，太子宾客多人也悉数被捕杀。

这一年，汉武帝已经是个66岁的老人了。老年丧子，即使对于子女众多的皇帝来说也是一件极其不幸的事。尤其是时间一长，巫蛊之事的诸多疑点也暴露出来。官吏和百姓也多以巫蛊害人罪相互告发，经调查发现多为不实。

公元前90年（征和三年），住在山西壶关的令狐茂冒着坐牢丧生的危险，给汉武帝上了一份奏章，力陈是非，要为太子刘据申冤。汉武帝想起刘据到底是自己的亲生骨肉，又看到奏章，怒气顿时消了一半。

不久，高寝郎田千秋也给汉武帝上了一份奏章，并表示已查出太子确为江充逼反。田千秋等人上书讼太子冤说：

"子弄父兵，罪当笞；天子之子过误杀人，当何罢哉！臣尝梦见一白头翁教臣言。"

意思是说：儿子私自用了父亲的军队，罪责也不过是鞭打一顿；太子因过失而误杀了人，又有什么罪过呢？我本来不敢说这种话的，是我梦见的一个白头发老翁教我这样说的。

汉武帝一听，深受感动，于是借机下台，将太子被逼起兵之事定性为"子弄父兵"，同时召见田千秋，并颇有深意地说道：

"父子之间，人所难言也，公独明其不然。此高庙神灵使公教我，公当遂为吾辅佐。"

意思是说：父子之间起了冲突，别人实在难以插嘴。你能够为皇太子申冤，定是祖宗刘邦在冥冥中教你开导我啊。

于是，武帝在一年间将田千秋连升数级，令其一跃而成为丞相。

（三）

晚年的汉武帝，杀戮太过，求神仙又不成，又因巫蛊冤案导致父子相残、太子刘据自杀，种种打击令他心灰意懒，对自己过去的所作所为也颇有悔意。

公元前89年（征和四年），当有大臣建议在轮台（新疆轮台）屯兵时，年近七旬的汉武帝立即召集群臣，颁布了被历史学家称为"仁圣之所悔"的《轮台罪己诏》。

在这份诏书里，汉武帝对自己平生功业没有用"两分法"，也没有用三七开或四六开，而是"深陈既往之悔"，毫不掩饰地承认了自己执政过程中的失误，赤裸裸地进行自我批评。他说：

"朕即位以来，所为狂悖，使天下愁苦，不可追悔。"

因此，他决心改正错误：

"自今事有伤害百姓，糜费天下者，悉罢之。"

同时，汉武帝对自己迷信神仙的事也作了深刻的反省，说道：

"向时愚惑，为方士所欺。天下岂有仙人？尽妖妄耳！"

公元前87年（后元二年）二月，汉武帝一病不起。在生命的最后时刻，他执拗地将自己年仅8岁的小儿子刘弗陵立为太子，却残忍地逼令其母钩弋夫人自杀，目的是避免重蹈汉初吕后干政的覆辙。

接着，他又任命霍光、桑弘羊、上官桀等人为辅政大臣，诏其辅佐年幼的小皇子。不久，一代雄主在五柞宫驾崩。

太子刘弗陵继位后，在辅政大臣的精心辅佐之下，较好地遵循了汉武帝"轮台诏"的精神，轻徭薄赋，发展农耕，改进刑狱，整饬吏治，使国家逐渐走上了正轨，一度危机四伏的西汉政权又出现了"昭宣中兴"的繁盛局面。

汉武帝晚年之后之所以会穷奢极欲，政治昏庸，主要是因为在功成名就之后丧失了自控力，为骄奢淫欲的思想所诱惑。这个曾经积极有为、立志于做千古英雄的帝王，在成就霸业之后，思想便走上了另一个极端，致使欲壑难填，无限度地劳民伤财，这是导致武帝后期腐朽制度的直接原因。

对汉武帝晚年的种种逆行倒施行为，司马迁进行了猛烈的抨击和批判。在《史记》中，司马迁批判了秦始皇"自以为功过五帝，地广三王，而羞与之侔"，但始皇帝及其辅秦人物个人功业虽高，却不懂得体恤人民，最终不免身败名裂，亡国亡身，这些行为都受到了司马迁的笔诛。同时，这也是司马迁对汉武帝不体恤民力的间接影射。

与此同时，在《史记》当中，司马迁还写了《平准书》。他首先写了汉承秦之鼎，经过70余年的休养生息，民殷国富，以此为铺垫，与汉武帝大肆兴作，致使国家由盛转衰作为对照；然后"物盛而衰，固其变也"，笔锋一转，进入正题，一桩桩、一件件地载述武帝对外用兵、对内兴作与聚敛所造成的国困民穷，讽刺汉武帝与民争利，具有浓郁的指陈时政的色彩；结尾部分，他又以秦喻汉，给后世统治者们敲响了警钟。

《平准书》记事至元封元年止，意味深长地示意见盛观衰，不能不令人惊叹于司马迁的胆气豪壮与识见非凡。

第十七章 《史记》内容

修身者智之府也，爱施者仁之端也，取予者义之符也，耻辱者勇之决也。

——（西汉）司马迁

（一）

关于《史记》具体的脱稿时间及司马迁的去世时间，至今仍有争议。据历史学家考证，《史记》的脱稿时间应在汉武帝征和二年（即公元前91年）前后，依据是这一年司马迁给他的朋友任安所写的一封信。信里有这样的话：

仆近自托于无能之辞，网罗天下放失旧闻，考之行事，稽其成败兴坏之理，凡百三十篇。

又说：

仆诚已著此书，藏之名山，传之其人。

意思是说：我最近广泛地搜集了散落在民间的历史资料，进行了仔细的考证，推究其兴亡的原因，共写了130篇。我打算将此书珍藏起来，以传后人。

由此可见，此时巨著《史记》应该已经脱稿。

而对于司马迁的去世时间，历史上没有明确记载，使其卒年无法确定，死因也众说纷纭。有人认为，司马迁一直到汉昭帝年间才善终；也有人认为，司马迁在完成《史记》之后便隐居山野，不知所终，故无从查考。

1916年，我国近代史学家王国维第一次将司马迁的生卒年作为学术问题进行考证，以为其卒年"绝不可考……然视为与武帝相终始，当无大误"，即认为司马迁去世的时间应与汉武帝去世的年岁相当。

不论《史记》是何时完成的，也不论司马迁是何年离世的，毋庸置疑的是，《史记》是我国历史上的第一部纪传体通史。它本来没有书名，司马迁在完成这部巨著后，曾给当时的大学者东方朔看过。东方朔读完后，钦佩万分，遂在书面上加了"太史公"三个字。"太史"是司马迁的官职，"公"是美称，"太史公"也只是表明这是谁的著作而已。

后来，班固的《汉书·艺文志》在著录这部书时，将其命名为《太史公百三十篇》，后人则又简化成为《太史公记》《太史公书》《太史公传》等。

《史记》本来是古代史书的统称，直到三国时期，《史记》才由通称逐渐发展成为司马迁所著的《太史公书》的专名，并成为后世极力推崇的"千古之绝作"。中国近代著名文学家鲁迅更是形象地誉其为"史家之绝唱，无韵之《离骚》"。

《史记》是一部通史，此书记事起始于传说中的黄帝，下到汉武帝元狩元年前后，叙述了中国古代近3000年左右的历史。

但是，这3000年的历史却是有详有略，100年左右的当代汉史，是司马迁写史的侧重点。尤其是秦朝商鞅变法至汉武帝晚年的历史，约占全书的一半篇幅。

按照司马迁的观点，他编写这部史书的宗旨是"究天人之际，通古今之变，成一家之言"。所谓"究天人之际"，就是要探究天道和人事的关系，批判原来的"神意天命论"，提出了"帝王中心论"；"通古今之变"，则是要探究历史的发展实况及其规律。

在撰写《史记》过程中，司马迁也参考了众多典籍，如《左传》《国语》《战国策》《世本》《楚汉春秋》及诸子百家等，同时还参考各种档案及民间古文书籍等。他还对亲自探访和进行实地考察的材料进行精心选用，其创作态度异常严谨。

汉代之前的各种历史著作，在内容、史事、材料、编撰水平等方面，都难以与《史记》相提并论。《史记》不仅规模宏大，体系完备，而且对此后的纪传体史书影响很深，此后历朝正史基本都是仿照《史记》的体裁编写的。

同时，书中文字的生动性、叙事的形象性等，也都是成就最高的，成为后世史学家效仿和研究的楷模。

不过，《史记》在完成后并没有马上得到流传和受人重视。直到汉宣帝（公元前91—前48年）时期，司马迁的外孙等人才逐渐将《史记》的部分内容传播出来。这主要是因为西汉朝廷将《史记》的正本作为宫廷秘籍收藏起来，阻止该书内容外传，且对其中的部分作了篡改。即使诸侯东平王要求朝廷赐书时，也遭到拒绝。

《史记》真正流传起来的时间，应该是直到东汉以后了。遗憾的

是，此时书中的内容已经有了些许残缺。

在注释方面，南朝的裴骃所著的《史记集解》，是现存最早的旧注本。后来，唐朝司马贞所写的《史记索隐》中，开始有了很多的新见解。唐朝的张守节用毕生精力所著成的《史记正义》，更是成为成就较高的注解本。

现存早期的版本之一是南宋黄善夫家的家塾刻本，被公认为是善本。到清朝同治年间，又出现了金陵书局的刻本。1959年，中华书局所出标点校勘本在总结前人研究成果的基础上，对《史记》进行了重新校点，使之更加完整、正确。

（二）

《史记》由五体构成，分别为本纪、世家、列传、表和书，内容共包括十二本纪、三十世家、七十列传、十表、八书，合起来恰好是130篇。

《史记》的这五种体裁均为司马迁所创造。在《大史公自序》中，司马迁反复称《史记》是效仿《春秋》而作，可见《春秋》之经、传形式对《史记》体例的创造影响是十分巨大的。

唐代著名史学家刘知几曾说：

"夫纪传之兴，肇于《史》《汉》，盖纪者，编年也；传者，列事也。编年者，历帝王之岁月，补《春秋》之经；列事者，录人臣之行状，犹《春秋》之传。《春秋》则传以解经，《史》《汉》则传以释纪。寻兹草创，始自子长。"

这样的评价非常有道理。可以说，司马迁在创作《史记》时，不宗一书，不祖一体，而是参考各种典籍体例的长短，匠心独具而汇入一编，从而创造出了新的体例。

《史记》的五体分开来看，可各自成为一个独立的系统，首尾完俱而贯通历史发展的线索，各有不同的侧面和重心。而五体合起来，便又成为一部组织严密、互相交融的巨著。

也正因为《史记》的这种完备的体例，才使其能够容纳那么丰富的历史素材，从而在有限的篇幅内，使政治、经济、文化、学术、民族、社会及自然的星象、历法、地理等无所不备。因此，晋人张辅称：

"迁之著述，辞约而事举，叙三千年事，唯五十万言"。

本纪简称纪，是纪传体史书中帝王传记的专用名词。因为帝王是统理国家大事的最高首脑，为他们作纪传便名之曰"本纪"，以显示天下本统之所在，令官民行事都有一定的纲纪。

同时，本纪也是全书的总纲，是用编年体的方法记事的。"本纪"的含义主要有5个：

一、"本纪"为法则、纲纪之意，它"纲纪庶品"，因此是最为尊贵的名称；

二、"本纪"是记载天子国君之言事所专用的名称；

三、"本纪"是网罗万事的，因此国家大事无所不载，与一般的人物传记有所区别；

四、"本纪"编年，记正朔，象征着天命攸归。从编纂学角度来说，编年记事是我国史书写法的优秀传统，可以令所叙述的历史事件、兴衰发展线索分明，首创自《春秋》；

五、"本纪"效仿《春秋》中的十二公，故为十二篇。《太史公自序》中便称"著十二本纪"。

在《史记》当中，司马迁为历代帝王所写的传记都称为"xx本纪"。但也有例外，比如：吕雉不是皇帝，但她的传记也称本纪；项羽无皇帝之实，也被司马迁列入本纪之中。之所以这样分类，是因为司马迁认为吕后和项羽在当时都具有如皇帝一般的领导能力。

《史记》里共有10篇表。所谓表，是各个历史时期的简单大事记，也是全书叙事的联络和补充。司马贞曾曰：

"《礼》有《表记》，而郑玄云：'表，明也。'谓事微而不著，须表明也，故言表也。"

清代史学家赵翼说：

"《史记》作十表，仿于周之谱牒，与纪传相为出入，凡列侯、将、相、三公、九卿功名表著者，既为立传，此外大臣无功无过者，传之不胜传，而又不容尽没，则予表载之，作史体裁，莫大于是。"

因此，表的含义是：

一、表达隐微之事，使之更加鲜明；

二、扩大纪、传的记事范围；

三、与纪、传互为经纬，是联系纪与传的桥梁。

不过，这只是从组织材料上立论的，远未能揭示出《史记》中"十表"的真正价值。司马迁作"十表"，主要用来反映历史发展的线索和阶段性，从而建立起古代的年代学理论。

（三）

"书"是记载历代朝章国典，以明古今制度沿革的专章。如果不是熟悉历史掌故的史学家，是无法撰写成书的。

司马贞称：

"书者，五经六籍总名也。此之《八书》，记国家大体。"

赵翼则说：

"八书乃迁所创，以纪朝章国典。"

意思是说，《史记》中的"八书"，就是用以分门别类地记载各种典章制度和文化发展的。后来，班固作《汉书》，将"八书"内容扩充为"十志"。由于其大题命名为"汉书"，故也将"书"改名为"志"，并成为后世通例。"书"的编撰，也为后人研究各种专门史料提供了丰富的参考。

"世家"是记载诸侯王国之事的，记载传代家世；而且"世家"与"本纪"同体，均编年纪事，因有别于天子等第而别名为"世家"。

从西周的大封建开始，发展到春秋、战国时期，各个诸侯国都先后称雄称霸，盛极一时。因此，司马迁用"世家"这一体裁记载这一情况，是十分妥当的。

在《史记》中，司马迁将孔子和陈涉也列入"世家"。之所以如此，是因为司马迁认为：孔子虽然不是王侯，但却是传承三代文化的宗主。更何况汉武帝时期独崇儒学，孔子是儒学的创始人。将之列入"世家"之中，也反映了思想领域的现实情况。

至于陈涉，不但是亡秦起义的首位领导者，还是三代以来以平民起兵而反抗残暴统治的第一人，且亡秦的侯王又多是他建置的。因此，司马迁将之列入"世家"之中，将他的功业与商汤放桀、武王伐纣、孔子作《春秋》相提并论，将其写成一个撼动暴秦统治、叱咤风云的伟大历史影响，这也反映了司马迁进步的历史观。

"列传"是记载帝王、诸侯以外的各种历史人物的，有单传、合传、类传和附传之分。顾名思义，单传就是一人一传的，如《商君列传》《李斯列传》等；合传就是记载两人及其以上的，如《管晏列传》《老庄申韩列传》等；类传就是以类相从，将同一类人物的活动归入一个传内，如《儒林列传》《刺客列传》等。

而所谓附传，则是指未入传目标题的人物。专传、合传和类传三种传皆有附传。

正传与附传，表示列传人物的主次，并非附传为可有可无的附属物。有的附传仅附其名，一般是载列子孙、戚友等；重要附传人物则为事类相从。

同时，司马迁还将当时汉朝少数民族的历史情况等，也用列传的形式记录下来，如《匈奴列传》《朝鲜列传》《大宛列传》等，为后人研究我国古代少数民族历史提供了重要的参考价值。

《史记》的五种体例，以七十"列传"的内容最为丰富多彩、生动活泼，具有十分广阔的社会层面。其中所包含的历史人物，除了活跃于历史舞台之上的政治家、军事家、思想家、各色英雄豪杰外，下层社会中的侠客、医卜、商贾、俳优、博徒、猎户、妇女等，凡在人类活动中起过作用的人物，都被司马迁一一叙入史中。时间从上古到当代，地域从中原到八荒，从而使"列传"的内容多样、信息丰富，也使《史记》具有了古代世界史的意义。同时，如此丰富的内容，也表现了司马迁历史观的全面性与系统性。

综上所述，在《史记》一书中，"本纪"编年，侧重载述朝代兴亡及政治演变大势；"表"侧重阐发历史发展的阶段大势；"书"侧重探讨天道观及各种典章制度的演变，并指陈时政；"世家"侧重表彰维护国家统一和安定的诸侯；"列传"侧重记载各色人物活动对历史的贡献，反映广阔的社会生活。

以上几种体裁相辅为用，相得益彰，融合为一个整体，载述了丰富的历史内容，蕴藉着深刻的历史哲学，从而构成了博大思精的体系，令《史记》一书成为饮誉中外的经典名著。

同时，还由于《史记》形象地映照了封建政体的等级秩序，适应了封建统治者的思想体制，因此被历代封建王朝颁令为国家正史。

第十八章　褒贬善恶

规小节者不能成荣名，恶小耻者不能立大功。

——（西汉）司马迁

（一）

《史记》这一部历史巨著，既是写史，也是写人。司马迁在撰写《史记》时，并非沉浸在史学之中单纯地写史。作为一个现实主义史学家，他写史的目的，是要以历史来关照现实，通过对历史中的人物、事件的刻画，对历史人物及事件进行褒贬，并用良史来对现实人物进行劝导，从而达到惩恶扬善的社会作用。

司马迁在对他所写的一切历史人物都不是平列的、漠不关心的，相反，他都是有所褒贬、爱憎分明的。这也是他著作《史记》的主要目的之一。在《太史公自序》以及那些人物传记的评价中，都对此有一些或明或暗的说明。

那么，司马迁是用什么尺度来褒贬他所写的各种人物的呢？我们举《游侠列传》一篇传记，来仔细体会一下。

《游侠列传》是一篇下层人物的传记。之所以为这些人物写传记，是因为司马迁认为：那些"以术取宰相、卿大夫，辅翼其世主，功能

135

俱著于春秋，固无可言者"。

意思是说，那些以"术"而上进的宰相、卿大夫们，辅佐帝王，功成名就，载在国史，大家都知道，这是不必说的。相反，像季次、原宪一班隐士们，"怀独行君子之德，义不苟合当世"。季次、原宪终身穷困，却能自得其乐；虽不名著国史，但死去400多年后依然被人称道不倦，季次、原宪也就成了名。

显然，司马迁对这类人物是有些讥讽不满之意的。但对于"儒、墨皆排摈不载"的游侠，司马迁却抱有特殊的见解，以为这类人物既与王公贵族们如孟尝君、春申君、平原君、信陵君等，"皆因王者亲属，藉于有土卿相之富厚，招天下贤者"，这种慷慨好义不同，更与那些"朋党宗强、比周设财役贫，豪暴侵凌孤弱，恣欲自快"的土豪恶霸们欺压人民的行为有着天壤之别。

对于游侠这类人，司马迁的态度是：

> 其行虽不轨于正义，然其言必信，其行必果，已诺必诚，不爱其躯，赴士之阸困。既已存亡生死矣，而不矜其能，羞伐其德，盖亦有足多者焉。

司马迁认为，游侠这类人的行为虽然不合乎封建统治阶级所谓的"正义"，但事实上他们十分讲求仁义，很有道德。

所谓的仁义道德，本来就是很难定义的，历史上多少"所谓有道仁人"，还不是遭到祸害？历史上也有这样的事实：

> 伯夷丑周，饿死首阳山，而文、武不以其故贬王；跖、蹻暴戾，其徒诵义无穷。

而且，更有甚者，"窃钩者诛，窃国者侯，侯之门，仁义存"。

由此可见，游侠这类人，"设取予然诺，千里诵义，为死不顾世，此亦有所长，非苟而已也"。

这就是司马迁对游侠的态度和所以要为游侠作传的原因。而且，这种看法也包含着阶级对立的看法。他怀疑封建统治阶级所谓的圣贤和仁义道德，而是从实际出发，"已飨其利者为有德"，肯定了另一类人肯于牺牲自己、保全别人的真正道德。

通过对《游侠列传》的分析，我们也可以认识到司马迁在撰写《史记》时褒贬人物的尺度。虽然身为封建统治阶级写史的史家，但他并没有受到统治阶级传统道德思想的约束，而是直接从被压迫人民的利益来看待道德问题。这就是正统的史学家所以攻"其是非颇谬于圣人"的缘故。

（二）

司马迁在为人物写传记时所流露出来的同情被压迫人民、反抗强暴统治的思想，还表现在对其他许多人物的态度上。

在《刺客列传》中，司马迁写了曹沫劫齐桓公、专诸刺吴王僚、豫让刺赵襄子、聂政刺韩相侠累、荆轲刺秦王政，并且还赞叹地说：

> 自草沫至荆轲五人，此其义或成或不成，然其立意较然，不欺其志，名垂后世，岂妄也哉！

　　之所以赞叹这些刺客的"义"，固然在于这些人真正言出必行，更重要的是他们敢于同那些强暴的统治者进行坚决的斗争。

　　在《赵世家》中，司马迁还写了著名的"赵氏孤儿"的故事。这个也许不是春秋时代的历史事实，而是战国时代的民间传说，但它在司马迁笔下的主要意义，同样在于程婴和公孙杵臼的誓死精神对屠岸贾的强暴势力的最后战胜。

　　对于家喻户晓的蔺相如完璧归赵的故事，司马迁的看法则是：

　　　　方蔺相如引璧睨柱，及叱秦王左右，势不过诛。然士或怯懦而不敢发。相如一奋其气，威信敌国。

　　很明显，司马迁非常赞赏蔺相如这个不畏强暴、敢于奋起的壮士。

　　再比较一下《鲁仲连传》和《田横传》，更可以看出司马迁对反抗强暴的人物抱有何等敬意。他在论述鲁仲连时说：

　　　　鲁连其指意虽不合大义，然余多其在布衣之位，荡然肆志，不诎于诸侯，谈说于当世，折卿相之权。

　　而对于田横，则说：

　　　　田横之高节，宾客慕义而从横死，岂非至贤！余因而列焉。无不善画者，莫能图，何哉？

　　鲁仲连抗秦，田横抗汉，故事相互类似，可谓无独有偶。但司马迁对鲁仲连谓其"不合大义"，而对田横则极力称赞，称他品行"高

节"，是"至贤"之人。

之所以如此，是因为他们的传记中，鲁仲连的抗秦只是说客一流的空谈，最后他"逃隐于海上"，做了一个自甘贫贱、不屈从于富贵的高士。

相反，田横抗汉是真正反抗到底的。他最后宁可自杀，也不肯去见汉高祖刘邦。司马迁说鲁仲连"不合大义"，正是因为鲁仲连不能奋不顾身以死抗秦。

不过，司马迁对鲁仲连也还是称赞的，因为他对当时的统治者到底表现出了轻蔑的、不屈的态度。

在《魏公子列传》中，司马迁还十分奇特地用了147个"公子"，趣味盎然地叙述了信陵君的故事。在司马迁看来，信陵君这位公子能放下贵族架子，"自迎夷门侯生"和"从博徒卖浆者游"，是十分值得赞誉的。

更重要的是，司马迁认为，信陵君这样做赢得了游士、门客的帮助，救赵存魏，抵抗暴秦，振奋诸侯。

从《史记》中所叙述的这些人物可以看出，司马迁对这种具有侠义精神、肯于同情弱者、不怕牺牲、反抗强暴的行为给予了高度的肯定和推崇。

司马迁这样热情地叙述和赞颂这些侠义人物和侠义精神，可见他在《史记》中衡量人物的尺度并不是从传统的封建道德出发，而是从广大被压迫人民的愿望出发的。

（三）

司马迁同情被压迫人民、反抗暴政的思想，不仅表现在对许多英雄人物的赞颂上，还直接表现在对汉武帝专制主义的暴力统治所流露出

来的极端悲愤和厌恶的情绪上。

在汉武帝统治的几十年间，由于不断巡守、封禅、求仙和奢侈浪费，也由于北击匈奴和不断对外用兵，需要大量的人力和物力，因此，汉武帝不断对人民进行压迫和剥削，并对人民实行极其严厉的法令统治。

表面上看，汉武帝好像很讲求仁义，但实际上却是十分严苛寡恩的。司马迁在《史记》中写到这样一件事：

> 天子方招文学儒者，上曰"吾欲"云云，黯对曰："陛下内多欲，而外施仁义，奈何欲效唐虞之治乎！"上默然，怒变色而罢朝。

汉武帝外儒内法，憨直的汲黯不但没有迎合，反而毫不客气地指出：陛下心中欲望极多，表面上还要侈谈仁义，那样如何能效法唐尧虞舜呢？

被汲黯戳穿了表面假施仁义的一套后，汉武帝很不高兴，遂一脸怒色地宣布退朝了。

汉武帝最喜欢的是公孙弘这样的人：

"习文法吏事，而有缘饰以儒术。"

公孙弘是个由狱吏出身的儒生，外表讲求儒术，背地里却暗暗研究汉武帝那套统治人民的法令制度，并极力逢迎武帝。游侠郭解和游士主父偃都是他坚决主张杀掉了。

对于这样的现实，司马迁虽然不敢明显表示反对，却在《循吏列传》中写道：

"奉职循理，亦可以为治，何必威严哉？"

他写了历史上的孙叔敖、郑子产等对人民不加威严的"循吏"等五

人，而汉代的却一个都没写。相反，在一篇《酷吏列传》中，司马迁写的却统统都是汉代的人物，如张汤、杜周、王温舒等人。

《酷吏列传》所反映的也是汉武帝时代的政治现实，这种现实是"王法"破产的铁证，也是人民之所以同情"游侠"、反对暴政的原因。在这样的现实压迫之下，人民肯定要起来反抗的。

据《酷吏列传》所记载，王温舒极端残酷地镇压人民，一些"郡守、都尉、诸侯二千石，欲为治者，其治大抵尽放（仿）温舒"，结果导致人民无法求生，反而越发不怕"犯法"，纷纷起来反抗。

比如，"南阳有梅兔、白政，楚有殷中、杜少，齐有徐勃，燕赵之间有坚卢、范生之属，大群至数千人"。他们纷纷设立名号，"攻城邑，取库兵，释死罪，缚辱郡太守、都尉，杀二千石，为檄告县趣具食"。

司马迁所写的这次农民起义战争，是发生在公元前99年（天汉二年）的一次起义，即汉武帝命令李广利和李陵出征匈奴的那一年。这与当时对外用兵频繁，致使农民贫困加深有着直接的关系。

汉武帝派使者前往郡县攻打起义军，起义军虽然被镇压下去，但溃散的一部分仍然扼守山川，团结一致，汉王朝终于"无可奈何"。于是，汉武帝作《沈命法》，其中曰：

"群盗起不发觉，发觉而捕弗满品者，二千石以下至小吏主者皆死。"

意思是说：盗贼兴起而没有发觉，发觉了而不去剿捕，或剿捕盗贼的数量没有达到既定标准的，2000石以下官员及主管官吏一律处死。

这条法令虽然严苛，但地方小吏及郡、县长官等却害怕报上去后受到惩罚，因此各地的官吏往往相互包庇、瞒报实情，导致起义军人数越来越多，人民的反抗斗争一直都没有停止过。

　　司马迁忠实地叙述了这一历史事实，旨在说明"法令滋章，盗贼多有"的思想，承认"官逼民反"的合理性，即同情人民的反抗斗争。

　　可以说，在《史记》这一巨著中，司马迁赞颂游侠、刺客及公孙杵臼、蔺相如、鲁仲连、田横、信陵君等侠义人物，承认人民起义的合理性，并歌颂了中国历史上第一次人民起义的领袖陈胜、吴广、项羽等英雄人物，歌颂"循吏"，反对"酷吏"，即反对汉武帝的残暴统治，等等，都是从同情被压迫的人民、憎恶现实的暴虐统治这个基本思想出发的。这种思想态度，也决定了司马迁对其所写的各种人物的基本态度。

第十九章　尊重史实

明者远见于未萌，而智者避危于无形。

——（西汉）司马迁

（一）

对于一个伟大的史家来说，一方面需要有卓越的史识，另一方面也要具有一种秉笔直书的胆魄与勇气。否则，就难以写出一部真实的史书。要知道，真实的历史需要无畏的人格来承担。

令人敬仰的是，司马迁在撰写《史记》一书时，表现出了一种"不虚美，不隐恶"的"实录"精神。在他的笔下，无论是开国皇帝，还是历代天子；无论是最高统治阶层，还是中小官吏；无论是他所痛恨的贪暴之徒，还是他所赞美的英雄豪杰，在著述时，他都本着"实录"精神，对他们的种种恶行、缺点予以揭露，对他们的优点、功绩予以赞扬，从而最大程度地还历史以本来的面目。

对此，班固在《汉书·司马迁传》中引用刘向、扬雄之言，赞扬《史记》"其文直，其事核，不虚美，不隐恶，故谓之实录"。

文直、事核是实录的最基本精神，也是历史著述最基本的方法。它要求史家在作史时要有理有据，要全面地分析材料，承认历史客观

143

事实的存在，全面而系统地直书史事，不能进行任何曲笔或漏略，更不能歪曲事实，掩盖丑恶，夸大功绩。

关于这一要求，司马迁在著述《史记》时很好地做到了。他通过自己的笔触，全方位地展现了社会现实生活，写出了各种人物的传记，反映出历史的本质，这就是实录精神的一种反映。比如，司马迁为项羽、吕后作纪，为孔子、陈涉、后妃立世家，就是实录精神升华为卓越史识的一种表现。

在写作过程中，司马迁严格地要求自己所写的《史记》必须符合历史事实的本来面貌，而不是随从流俗和习惯，即使对一些讹传的史事也进行了细致的调查和考证。在许多篇章中，司马迁都对一些讹传的史实进行了细致的交代，说明其中所引据的史籍或其他根据等。

比如，在《五帝本纪》中，司马迁写道：

"予观《春秋》、《国语》。"

在《殷本纪》中写道：

"自成汤以来，采于《书》、《诗》。"

在《高祖功臣侯者年表》中也写道：

"余读高祖侯功臣，察其首封。"

又如在五帝、夏、殷、周各篇的"太史公曰"中，司马迁对古史的考证进行了详细的说明。在写五帝事迹时，他也综合了各种材料，"择其言尤雅者"；在写夏、殷两代的姓氏，夏禹之崩于会稽，殷人之习俗，周室何时迁居洛邑，等等，他也都做了认真考证，从中可以看出司马迁著史的谨严态度。

再如，在《李斯列传》中，司马迁将李斯有大功于秦，却被五刑致死，天下人咸称其冤的事实，都一一记载下来，既条列了李斯辅佐秦始皇统一六国、建立制度的功勋，同时又记述了他因贪重爵禄，与赵高合谋，助秦二世为虐，改变了历史的进程，最终才成为天下的罪人，其死虽惨，固不足惜，从而驳斥了李斯极忠而死的俗议。

在《史记》的体例中，司马迁将吕后记入"本纪"，将后妃记入"世家"。同时，司马迁也据事实录，尽管无情地揭露了吕后在政治斗争中的种种恶行，但对吕后执行无为政治、带来社会安定的行为，也给予了实事求是的高度评价。

在列举历史事例时，司马迁通常都是一正一反，同时还以实录精神，将女性在历史上的作用提到了影响国家兴亡的高度，说明历史的发展进程同样离不开女性的功劳。

在一些人物附传中，司马迁也赞扬了许多不同类型的女性形象。为此，司马迁也成为中国历史上第一位重视女性在社会生活各个领域中发挥作用而加以记载的史家。

（二）

在"文直、事核"的基础上，司马迁还不虚美、不隐恶，写史过程中自在地表明对史事人物的褒贬爱恨，并力求做到恰如其分。

司马迁明确反对"誉者或过其实，毁者或过其真"的主观臆断，所以在论载史事人物时，通常不进行全盘肯定或全盘否定，而是原原本本地讲清楚人物行事和客观事物的变化及发展，依据事实给予恰当的点评。

比如，汉高祖刘邦是一个在中国历史上产生过重大影响的政治家。对于这样一个使中国重新归于一统的历史人物，司马迁在《史记·太史公自序》中给予了高度的评价：

　　　　子羽暴虐，汉行功德；愤发蜀汉，还定三秦；诛籍业帝，天下
惟宁；改制易俗，作《高祖本纪》第一。

　　司马迁所叙述的，都是尊重历史的笃实之论，绝非对汉朝开国皇帝
的虚美谀词。但与此同时，他也以自己独特的笔触大胆实录，揭露了
刘邦的一些丑行：

　　　　楚骑追汉王，汉王急，推堕孝惠、鲁元车下。滕公常下收载之，
如是者三，曰："虽急，不可以驱，奈何弃之？"于是遂得脱。

　　　　　　　　　　　　　　　　　　　　　　　　——《项羽本纪》

　　　　……为泗水亭长，廷中吏，无所不狎侮。好酒及色，常从王
媪、武负贳酒。

　　　　　　　　　　　　　　　　　　　　　　　　——《高祖本纪》

　　　　沛公不好儒，诸客冠儒冠来者，沛公辄解其冠，溲尿其中。与
人言，常大骂。

　　　　　　　　　　　　　　　　　　　　　——《郦生陆贾列传》

　　　　……

　　以上种种，都表现出了刘邦年轻时的无赖品行。

　　面对汉高祖这样一位天下最高、最大的"尊神"，司马迁不但不对
他的缺点进行避讳，反而敢于肆情奋笔，无所阿容，直指刘邦真实的
心性。而这些，也正体现了司马迁无畏的人格本色。

　　对于当时的皇帝汉武帝刘彻，司马迁也不因其执掌着自己的身家性
命而伪饰其事。一方面，他发自内心地赞扬汉武帝的文治武功：

汉兴五世，隆在建元。外攘夷狄，内修法度；封禅，改正朔，易服色，作《今上本纪》第十二。

另一方面，他又毫不留情地抨击汉武帝执政过程中的严苛之处。在《酷吏列传》中，司马迁一共写了10个酷吏，其中有9个都是汉武帝的宠臣。

由于有汉武帝在背后撑腰，这些酷吏在全国大搞严刑峻法，致使人人自危。义纵任定襄太守时，一日竟"杀四百余人，其后郡中不寒而栗"。

更令人发指的是，王温舒在任河内太守时，捕郡中豪猾，连坐千余家，"会春，温舒顿足叹曰：'嗟乎！会冬月益展一月，足吾事矣！'其好杀伐行威，不爱人如此！天子闻之，以为能，迁为都尉"。

按照汉朝时期的惯例，春天是不能杀人的，因此嗜杀成性的王温舒觉得还过够杀人瘾。

然而，就是这样一个杀人如麻的混世魔王，事后汉武帝却欣然地委其以重任，实在令人感到愤慨！

在《酷吏列传》中，司马迁每每叙述起这些酷吏的暴行后，都会指出："上以为能"、"天子以为尽力无私"，再清楚不过地说明这些酷吏的纵使者就是国家的最高统治者汉武帝。

不仅如此，司马迁还在《平准书》《封禅书》中更加深刻地批判了汉武帝的一些行为措施，并对其迷信方士、妄求长生的可笑行为进行了辛辣的讥讽。

由此看来，司马迁为了历史的真实与正义，简直是不惜身家性命，公然向时代的主宰者汉武帝发出了抗议之声。

此外，司马迁在写其他历史人物时，也都是真实记录，功过分明，毫不掩饰隐晦。比如，司马迁反对秦王朝时的暴政，但却肯定了秦朝的统一之功及所确立的制度体系；司马迁肯定项羽的灭秦之功，将他塑造成为一个叱咤风云的英雄人物，但也揭露和批判了他残暴不仁的行为；司马迁同情李广，形象生动地描写了他的英勇善战及爱国情怀，并对此给予了高度评价，但绝不饰过；司马迁憎恶酷吏，却也肯定了其中的一些廉洁不枉法的酷吏。

如此等等，司马迁都力求做到尊重客观的历史事实。因为他认为，只有真实记录的历史，才能为后世提供真正有益的教训，使前朝的历史能为后世起到镜子的作用。

（三）

历朝历代以来，统治阶级对史家的实录从来都是感到厌恶和害怕的。因为在实录当中，虽然有许多对统治者有利的内容，但也必然有许多不利于统治者的内容。统治者对人民的严重压迫和残酷剥削，统治者的奢侈糜烂，以及人民的不平呼声和起义反抗等，都会通过实录揭露出来。

这样的揭露，对统治阶级是一种严重的打击，也是统治阶级所不能容忍的。但是，统治阶级又需要历史，并希望能从历史中得到足够的教诲，以维护自己长期的封建统治。

这样一来，统治阶级就不能完全排斥史家的实录，因为只有从实录当中，他们才能看到客观事实发展的真相原委，才能"原始察终，见盛观衰"，才能"通古今之变"，得到历史的鉴戒作用。

所以，统治阶级对史家实录那种无可奈何的矛盾态度，就是司马迁历来遭到统治阶级及士大夫们种种毁誉的根源。他既被一些人诋毁为"作谤书""非贬孝武，令人切齿"，该杀；又被另一些人赞誉为

"有良史之才""有奇功于斯世",只是"不隐孝武之失,直书其事耳,何谤之有乎?"

这些争论,都是由于对司马迁的实录精神所持的不同态度引起的。

另外,司马迁的直笔实录也并非无动于衷地、完全被动地直录事实,而是与他的著述理想密切相关的。他著述《史记》,其最高理想在于取法《春秋》,以继承孔子的事业。而且,司马迁对孔子写《春秋》的写作手法十分赞赏。《春秋》"明是非","采善贬恶",司马迁作《史记》也始终坚持这一观点。

但是,《春秋》的写法却又为尊者、亲者、贤者讳。孔子说过:

父为子隐,子为父隐,直在其中矣。

《孔子世家》中也记载,孔子在修《春秋》时,"据鲁亲周"。据鲁,就是指《春秋》依鲁史记删减成文;亲周,则是指维护周天子的尊严,为周天子饰讳。"故吴楚之君自称王,而《春秋》贬之曰'子';践土之会实召周天子,而《春秋》讳之曰'天王狩于河阳'"。

后来的《左传》在诠释《春秋》是又说:

凡诸侯有命,告则书,不然则否。师出臧否亦如之。

如此一来,各个列国就可以向其他国家或封锁消息,或以假消息告知,弑君可以告薨,篡夺可以告嗣位。其他如兵败、灭国、君辱,以及国君大臣种种非礼苟且之事等,均能够讳饰。

孔子在修史过程中,疏远鲁国,亲近周国,所以将许多饰讳和史实隐藏起来,不予记载。这也就是说,孔子将直笔讨恶与曲笔讳饰都统一到《春秋》一书中了。

（四）

孔子为何要这样写史呢？

原来在春秋时代，"史"的观念是重义而不重事，列国史官直笔都是据"礼"直书，而不是据"事"直书。

比如，历史上齐庄公被弑一事，庄公最初与崔杼合谋，趁齐灵公病危之时，杀掉了灵公的宠姜和太子牙。灵公死后，庄公便自立为帝。其后，庄公又与崔行之妻私通，与崔杼结怨而被杀。

齐国的太史公如实地记载了这件事，结果崔杼发现后，大怒，杀掉了太史。太史死后，他的弟弟继续如实记载，又被崔杼杀掉了。

随后，崔杼告诉太史的第三个弟弟说：

"你的两个哥哥都死了，你难道不怕死吗？你还是按我的要求：把庄公之死写成得暴病吧。"

但太史的弟弟义正词严地回答说：

"据事直书是史官的职责，失职求生，不如去死。你做的这件事，迟早会被世人知道的，我即使不写，也掩盖不了你的罪责，反而会成为千古笑柄。"

崔杼无话可说，只好放了他。

太史的弟弟走出来后，正遇到南史氏执简而来。原来，南史氏以为太史的弟弟又被杀了，因此是冒死前来继续实写这件事的。

齐太史三兄弟以极其悲壮的行为，不惜牺牲自己的生命，在史册上写下了"齐崔杼弑其君光"的事实，但却隐去了齐庄公的丑行。这说明：齐太史氏兄弟及南史氏等，都是以其大无畏的精神，直书叛臣弑君的恶行，目的在于捍卫封建等级的伦理纲常。

因此，孔子修《春秋》也是为了维护君君、臣臣、父父、子子的道

德纲常。在这一大的前提之下，直笔与讳饰就要统一起来，从而"父为子隐，子为父隐，直在其中矣"。

直到春秋末期，鲁国的史官左丘明在其所编著的《左传》中，才补充了许多春秋时期的历史事实，从而使《左传》成为一部较为完整的春秋编年史。左丘明能够将《春秋》中所讳饰的许多"君亲之恶"暴露出来，这也是历史学上的一大发展。

司马迁在《十二诸侯年表序》中称，孔子写成《春秋》，"七十子之徒口受其传指，为有所刺讥褒讳挹损之文辞不可以书见也。鲁君子左丘明惧弟子人人异端，各安其意，失其真，故因孔子史记具论其语，成左氏春秋"。

从中也可以看出，司马迁对《左传》恢复历史真实面目而进行的"具论其语"是肯定和赞许的，而对孔子对历史事实"不书见"的隐讳态度则是颇具微辞的。

司马迁所著述的《史记》突破了《春秋》空文以道义的体例，创立了五体结构，"网罗天下放失旧闻"，全面而系统地叙述了历史，天地万物、古今社会、世间一切学问等，都在记叙之列。

同时，司马迁对《史记》中人物及事件的褒贬也突破了不及君亲的饰讳藩篱，"贬天子，退诸侯，讨大夫"，敢于揭露当时统治秩序下的种种黑暗与不平，"不虚美，不隐恶"，创造了一个崭新的直笔境界，是一个划时代的历史进步。

此外，司马迁在写史过程中敢于直笔实录，其勇气的根源还在于史家对于历史高度负责的态度，在于史家的历史正义感。可以说，勇气和胆量是史家的铮铮铁骨，也是史家的拳拳良心。只有当一个史家的见识与勇气两相兼备时，才会有真实的历史和真实的生命。

对此，清初诗论家叶燮在《原诗·内篇》中写道：

文章千古事，苟无胆，何能千古乎？吾故曰：无胆则笔墨畏缩。胆既诎矣，才何由而得伸乎？

近代文学家鲁迅先生则说得更为透彻：

"敢于正视的本来就不多，更何况写出？"

在中国历史上，世途险恶，真正的大勇者千载难逢，而司马迁无疑正是屹立于历史天地间最为伟岸、最为英勇的史家。

第二十章　史学之父

以权利合者，权尽而交疏。

——（西汉）司马迁

（一）

在司马迁以前，我国的历史著作主要有《尚书》《春秋》《国语》《左传》《战国策》《世本》等。

其中，《尚书》是虞、夏、商、周的统治者们在个别事件上所进行的宣誓或训诫的记录；《春秋》是东周以后一段时期内，各个主要事件的简单摘要；《国语》是周室及几个主要诸侯国的卿士大夫们的片段语录；《左传》是在《春秋》的基础之上，补充了一些历史叙事，尤其是记述了某些历史大事（如战争）的曲折原委，也刻画了一些人物的言行活动等，比《春秋》发展了一大步，但究其根本，也只是春秋列国政治、外交和军事斗争的历史；《战国策》是战国时代一些游士的片段说辞，与《国语》类似；《世本》共15篇，从现今残存的篇目来看，它分门别类地记述了历史社会的某些方面，形式与上述各著作不同，与后来的《史记》有相似之处，但在内容的广泛性和复杂性上，组织的系统性和完整性上，它还是不能与《史记》相提并论的。

总而言之，在司马迁之前的若干历史著作，虽然能够为司马迁创作《史记》提供参考和榜样，但从后来《史记》所显示出来的内容、方法及观点上来看，这些历史著作都难免会暴露出一定的历史局限性。

而司马迁的不朽功绩，就在于他网罗了古今大量散碎的历史资料，并将之纳入到一个完整的系统当中，从而形成自己特有的历史观点与历史方法，创作出了我国第一部规模宏大的中国通史，令中国历史学从此走上了一个崭新的阶段。

《史记》在流传开来之后，其影响日渐长远，价值不可估计。从西汉到东汉时期，一方面由于它是单篇流传，且部分内容已经有所散失；一方面还因为它启发了人们历史研究的兴趣与方法。因此，《史记》面世后，便不断有人为其续篇，其结果也产生了由班彪、班固父子所创作的《汉书》。

《汉书》出现后，从东汉到南北朝时期，我国的历史学有了比较快速的发展。其中，《隋书·经籍志》的史部就著录了16558卷。

当了唐代时期，著名历史学刘知几将中国的历史学分为六家：

"一曰《尚书》家，二曰《春秋》家，三曰《左传》家，四曰《国语》家，五曰《史记》家，六曰《汉书》家。"

这样的分类，其实是降低了《史记》的历史地位，因为《尚书》《春秋》《左传》和《国语》的历史价值显然不能与《史记》相比。

《汉书》出现之后，人们便将《史记》和《汉书》并称，但这又过高地估测了《汉书》，它的价值实际也是不能与《史记》并列的。

从写作方法上看，《汉书》几乎完全模仿《史记》而写，而在历史观点上，它又完全否定了《史记》，将《史记》中的《项羽本纪》与《陈涉世家》一律降为列传，又给汉惠帝立了本纪，这就等于取消了司马迁承认客观事实存在及发展的历史观点，建立起了以西汉王朝为正统

的历史观点。

这也是《汉书》最不值得肯定的地方。它所谓的正统观点，令司马迁所规定的承认客观历史现实存在和发展的历史学成为了"成者为王，败者为寇"、"一朝天子一朝臣"的陈陈相因的所谓正统的历史学，这是根本不符合历史客观的。

因此客观地说，在中国新史学产生之前，《史记》的历史价值正如鲁迅先生所说的那样，"史家之绝唱"。司马迁也的确是我国古代杰出的、伟大的史学家。

（二）

完成了《史记》这一伟大的巨著，司马迁创造出了纪传体的历史学，同时也创造了传记文学。从中国的文学史来看，作为文学家的司马迁是能够与伟大的诗人屈原相提并论的。这不仅因为他们的身世遭遇有着某些共同之处，更重要的是，他们创作作品的现实主义精神也是十分相似的。

屈原的作品以《离骚》为代表，在《离骚》中，他反复强调自己的政治理想，并阐述了楚国贵族小集团昏庸腐朽统治的不可调和性；而司马迁在《史记》当中，也不断流露出他对汉王朝的残暴、愚昧的封建统治的厌恶和对被压迫人民的深切同情。

从散文角度来看，司马迁的《史记》将中国的历史散文推向了一个新的高峰。在《史记》以前，历史的叙事散文具有文学性的是《左传》。它往往将《春秋》中的一条简单的新闻记事扩写成为有细节和场面的详细描写，从而突出历史事件发展的具体过程，增强事件的形象性。

但是，《左传》的叙事为年月所分割，尚不能完全发挥出散文叙事连贯性的特性，因此在一定程度上限制了叙事的完整性。

此后的《战国策》，在写人叙事方面，虽然人物形象比《左传》要生动丰富，但依然是片面的、不完整的。

而司马迁《史记》中的散文，恰恰很好地弥补了《左传》和《战国策》中这些主要的缺点。其中的"八书"，大部分都是完整地反映了历史事件的发展过程；许多人物传记，不仅人物性格鲜活，而且还十分富有代表性。这些，都反映了广阔的社会历史现实。

对于《史记》的这一特点，西汉文学大家刘向、扬雄等都极为叹服。"善序事理，辩而不华，质而不俚"，这是刘向、扬雄对司马迁文笔特点的高度概括所提出的命题。

班固在《汉书·司马迁传》中，也转述了刘向、扬雄之言，表明了他的叹服。这说明，《史记》"善序事理"的散文特色已为两汉文学史学大家所公认，成为我国2000多年来历史的不刊之论。

《史记》对中国文学的影响也是十分巨大的。

东汉时期，班固父子曾从封建统治阶级的角度出发，否定《史记》中某些人民性的内容，认为它"是非颇谬于圣人，论大道则先黄老而后六经，序游侠则退处士而进奸雄，述货殖则崇势利而羞贱贫：此其所蔽也"，指责《史记》为对抗汉代正统思想的异端代表。

因此，在两汉时期，《史记》一直被视为离经叛道的"谤书"，不但得不到应有的公证评价，当时的学者也不敢为之作注释。

但是，《史记》的文学价值仍然是无法掩盖的。它"服其善序事理，辨而不华，质而不俚，其文直，其事核，不虚美，不隐恶，故谓之实录"。

到了晋代时期，开始有人从简约的角度赞誉《史记》。比如，东汉

时期天文学家张衡的后人张辅就说：

"迁之著述，辞约而事举，叙三千年事唯五十万言。"

这样的评价虽然颇有价值，但在今天看来，却远远不足以反映出《史记》的特殊地位，因为得到类似评价的史书并不止《史记》一家。如《三国志》的作者陈寿，"时人称其善叙事，有良史之才"；南朝刘勰也称"陈寿三志，文质辨恰"。

至于说到简约，也不是《史记》所独有的，如"孙盛《阳秋》，以约举为能"；干宝的《晋纪》，"其书简略，直而能婉，咸称良史"。

总而言之，在相当长的一段时间内，人们都没有足够地重视《史记》。

（三）

《史记》问世之后，"自成一家之言"。随着时间的延续，一些朝代也逐渐开了个人修史之风。魏晋南北朝时期，以史为鉴又具有了一定的现实意义。因此，这一时期的史学较为发达，数量达100余家，其中纪传史具有首位。

比如，晋朝司马彪的《续汉书》、陈寿的《三国志》、刘宋范晔的《后汉书》、齐臧荣绪的《晋书》、沈约的《宋书》、梁萧子显的《南齐书》、北齐魏收的《魏书》等，都是纪传史的名著。

唐朝建立后，统治者更加重视修纪传史，并为此而开设史官，大修前代国史。唐代官修的《晋书》《梁书》《陈书》《北齐书》《周书》《隋书》《南史》《北史》等，都属于纪传史。

后来历代更替，都开局修前朝历史，中国也从此有了一部洋洋大观、贯通5000年文明的"二十六史"。而司马迁的《史记》则位居

"二十六史"之首，取得了独尊的地位。

由于统治阶级的提倡，唐代精研"三史"成为时尚。因此，唐人的"三史"注解都取得了很高的成就，唐代研究历史编纂方法的专门理论著作也应运而生，其中最著名的就是刘知几的《史通》。

之所以命名为《史通》，就是受到司马迁所著《史记》"通古今"的影响。因此，这部书的研究对象也将《史记》开创的纪传体作为重点内容进行研究。

《史通》也是我国史学史上第一部历史方法论的理论巨著。尽管刘知几在进行《史记》和《汉书》的对照时，"扬班（班固）抑马（司马迁）"，但对司马迁及其所著的《史记》在史学史上的地位和价值仍然给予了充分的肯定。

此后，唐代散文学家韩愈、柳宗元等倡导古文运动，反对六朝骈俪遗风，便以《史记》为旗帜，对《史记》极力推崇，并给予了高度的评价，从而又奠定了《史记》在文学史上的崇高地位。

《史记》在唐朝时期的影响是空前的。自从唐朝以后，"扬班抑马"的风气也开始转而"扬马抑班"，人们对《史记》的评价日益增高，学习和研读《史记》的人也越来越多。

宋元之后，欧阳修、郑樵、洪迈、王应麟各家，以及明朝的公安派、清朝的桐城派等，都十分赞誉《史记》的文笔及文学价值。《史记》的声望更是与日俱增，各家各派注释和评价《史记》的书也才源源不断地出现，其数量占《史记》问世以来两千年间的十之八九。据不完全统计，论著有二三百部，论文也有近千篇之多。

《史记》载有近3000年的历史，时间长，人事多，地域广。虽然司马迁在修史时审慎负责，但在记述过程中也难免会有疏漏。因此，《史记》在流传过程中也必然会发生一些文字歧义。

后人在研究过程中，对这些问题进行了一番详细的梳理，考辨是非。尤其是清代的乾隆、嘉庆年间，学术界考据更是成为一代风气。学者们以考据的方法，对古代的诸多文献进行通盘的分析整理，成就斐然，学术史上称为乾嘉考据学。

在考证《史记》方面，大至重大的历史事件，小至一地一名、一字一音，学者们都认真考据，绝不放过。由于《史记》又是一部内容博大的典籍，因此清人在考据《史记》期间，用力之勤，贡献之大，是任何一个历史时期都无法比拟的。

到了近现代时期，对《史记》的研究更加全面而详细，研究的成果也相当可观。一大批著名的学者，如章炳麟、梁启超、王国维、鲁迅、矛盾、钱玄同、顾颉刚、闻一多、朱自清、范文澜、翦伯赞等，也在他们的著作或论文中不同程度地评述了《史记》。

同时，这一时期所创立的史学史、文学史等，也都给予《史记》以专章、专节的论述，从而令《史记》在我国史学史和文学史上的崇高地位得到了更加牢固的确立。而司马迁也由于在历史编纂学上伟大的创造精神、进步的史学思想及严谨的治史方法，赢得了"中国史学之父"的美誉。

司马迁祠墓坐落在陕西省韩城市南10千米芝川镇的韩奕坡悬崖上，始建于西晋永嘉4年。1982年2月，国务院公布其为全国重点文物保护单位。司马迁祠墓建筑自坡下至顶端，依崖就势，层递而上。登其巅，可东望滔滔黄河，西眺巍巍梁山，南瞰古魏长城，北观芝水长流，可谓山环水抱，气象万千。壮观的自然形式和秀丽的风光，映衬出了伟大史学家司马迁的高尚人格与卓越业绩。

第二十一章　传播海外

不知其人，视其友。

——（西汉）司马迁

（一）

《史记》问世后，不仅在国内流传甚广，还流传到了国外。据中国史籍记载，在魏晋南北朝时期，《史记》就已经传播到了国外。

首先传到的国家是汉朝毗邻的高丽，也就是现在的朝鲜，并且传入后，甚得高丽人喜爱。直到现在，朝鲜人都对《史记》十分喜爱。据南朝鲜的《出版杂志》介绍，南朝鲜汉城大学人文科学研究所出版的汉学家李成佳的《史记》抄译本，被收入了《大学古典丛书》，列为大学生基本阅读图书，这在国外是不多见的。

《史记》流传最广的国家是日本。据考证，在公元600—604年，《史记》就由日本圣德太子派出的第一批遣唐使带入日本，并立即在日本政坛上产生了重大影响。

到了明清时期，更是《史记》传入日本的黄金时期。不仅传入的数量大，而且品种齐全。《史记》的全本、选本、各种注译本及工具书等，可谓无所不包。而且在传入日本后，受到社会各界的极大重视，在政治、史学、教育、文学等方面产生了巨大的影响。

公元604年，日本圣德天子颁布《宪法十七条》，引用了《史记》所蕴含的儒学义理及封建大一统思想，为公元605年的大化改新奠定了理论基础。

圣德天子认为，日本国君称"大王"已经不合时宜，因而从《史记·秦始皇本纪》中移用了"天皇"的称号加给雅古天皇。从此，历代天皇便成了日本民族的象征和日本民族内聚的核心。

天皇神权制度的建立，也深受司马迁的《史记》中所载有的天人感应思想的影响。著名的明治天皇就十分喜欢阅读《史记》。每逢二、七日，都是明治天皇作为专攻《史记》的日子，所用的课本为鹤牧版的《史记评林》。

此外，为了培养大批了解外国历史的政治人才，日本朝廷还将数百"传生"组织起来，一起攻读《史记》。同时，日本皇室也经常将《史记》作为赐品恩赐给府库，以供政府文武官员学习研究。

在日本教育方面，《史记》也发生了重要的影响。明治以前，《史记》是宫廷教育和藩校中重要的教学科目；明治以后，《史记》逐渐普及到大中院校中。

由于日本宫廷教育对《史记》的重视，使得许多朝廷官员也开始喜爱《史记》。他们不但能理解《史记》中所讲述的义理，而且还取材《史记》题诗作赋。

在奈良、平安时代，《史记》不但成为宫廷教育的必修课，甚至还成为日本"纪传儒"的必读教材。

到了室町、江户时代，《史记》更是日本政治家普遍阅读的书籍。著名的培养武士的足利学校和幕府所属的各藩校，都将《史记》等汉籍定为必修的教学科目。

在学习《史记》过程中，日本人都很重视对实际知识的了解和吸收，政治家吸收《史记》中所蕴含的儒学义理，市庶百工重视其中的具体知识。例如，一些医学家就将《扁鹊仓公列传》列为自己的必读之书，从中学习掌握中国的医药学知识。

（二）

《史记》传入日本，也是中国史学传入日本的重要标志。在此之前，日本还没有自己的国史和国学。公元712年和公元720年，日本的第一部国史《古事记》和第二部国史《日本书纪》先后完成。这两部史书虽然都是编年体，但却都直接受到了从中国传入的《史记》的影响。

从时间上看，日本的国史是在《史记》传入100多年之后才逐渐产生的，这无疑是受《史记》启发而作。

从名称上看，《古事记》与《日本书纪》两部史书的得名也与《史记》直接相关。中国正史第一部《史记》用"记"为名，第二部《汉书》用"书"为名，因此日本国史的第一部《古事记》也用"记"为名，第二部《日本书纪》用"书"为名，效仿的痕迹十分明显。

从内容上看，《古事记》是集日本太古神话大成的史书，《日本书纪》也是以神话传说开篇的，这些都是仿照《史记·五帝本纪》以神话传说为叙述开篇的重要例证。

从叙述的情节上看，这两部日本史书也有取于《史记》的例证。比如，《五帝本纪》中有"汤汤洪水滔天，浩浩怀山襄陵"的传说，而在日本的《古事记》中，也有"这个漂浮着的国家"的上古洪荒记录。

日本学者津田左右吉先生在研究《古事记》的"物语"时，认为仁德天皇都字治稚郎之子相互让位的故事，就再现了中国吴太伯与伯夷

叔齐的故事。

由此可见，《史记》开启了日本史学，其影响是十分深远的。

另外，《史记》传入日本之后，还影响了日本文学的发展，促进了日本记纪文学的产生。记纪文学是日本古典文学的重要组成部分，《古事记》和《日本书纪》就是日本记纪文学的代表作。《史记》在对这两部著作产生史学影响的同时，也产生了一定的文学影响，这也是由《史记》本身的性质与价值所决定的。

其次，日本著名的古典文学《源氏物语》与《史记》也有着十分重要的渊源关系。《源氏物语》写成于11世纪，作者紫式部自幼便受过良好的教育，系统地学习过《史记》。因此在后来的写作过程中，他也可以像司马迁撰写《史记》时一样，广泛地收集材料，精心撰写故事，反映社会现实，并让作品充分显示出富有感情和趋于自然的特色。

紫式部还在书中大量引用了《史记》当中的文辞典故，甚至将《史记》中所描写的戚夫人的形象灵活地移植到《源氏物语》当中，塑造了一位与戚夫人相类的桐壶皇后，进而通过细腻的描写，揭示出当时日本社会的现实矛盾。

可以说，司马迁的《史记》在日本所产生的影响是巨大而深远的，日本学者对《史记》所取得的文史成就也给予了很高的评价。比如，日本学者冈本监辅就曾说：

"《史记》上补《六经》之遗，下开百史之法，具体莫不兼该。文章变幻飘逸，独步千古。"

另外，日本学者长野确称赞《史记》为"良史"，斋堂正谦评价《史记》中的文章为"群玉圃""连城之宝"的"绝佳"之作。

正因为对《史记》如此推崇，所以日本历来研究《史记》的名家辈出，研究专著较为重要的也多达200余种，至于单篇的论文更是数不胜数。

（三）

在国外，除日本对《史记》极为推崇之外，俄罗斯人也十分重视对司马迁和《史记》的研究。苏联学者在研究中国古代史及中亚西亚各民族历史时，都会广泛地运用到《史记》中的资料。在俄罗斯的一些大学当中，研究中国历史和中国文学的学生也都会选修《史记》这门课程。

1955年12月22日，苏联学术界在莫斯科举行了盛大的晚会，以纪念伟大的史学家和文学家司马迁诞生2100周年。为此，《光明日报》还特意发表了苏联学者雅·沃斯科博伊尼科夫所写的报导。在这篇报导中，我们可以了解到苏联学者对于司马迁所撰写的《史记》的重视和评价。

苏联科学院通讯院士古别尔在晚会的开幕词中，热情地称赞司马迁是"中国第一个历史学家、最伟大的文学艺术家和古代中国的一位卓越学者"。

历史学硕士图曼也在会上发表了长篇的学术报告，生动地叙述了司马迁的人生道路及创作巨著《史记》的过程，高度评价了司马迁的历史学术地位，认为"司马迁真正应该在大家公认的世界科学和文化泰斗中占据重要的地位"。

除俄罗斯外，英、法、美、德等国家的汉学家也对《史记》颇为推崇。美国的汉学家瓦特逊经过自己的学习和研究，创作了《司马迁传》；罗切斯特大学的魏汉明教授则选译了《史记》。

同时，法国的汉学家沙畹曾将《史记》从《五帝本纪》到《孔子世家》的这些篇章译成了法文，并对其加以详细的注释，使之成为法国国内一个颇具影响力的《史记》译注本。

　　法国还出版了法籍华人学者左景权先生的《司马迁评传》。法国巴黎还成立了《史记》研究中心，专门对司马迁及其所著的《史记》进行全面系统的研究，这也是国际上第一个专门研究《史记》的文学机构，对法国汉学家们研究《史记》起到了重要的组织和推动作用。

　　在世界的各个民族当中，凡是创造了具有世界意义的伟大文化珍品，就是一个民族的文化财富，也是整个人类社会的文化财富。因此，它是没有国界的。

　　《史记》不仅是中国古代文化宝库中的艺术珍品，而且也是世界古代文化园地里的奇葩。1956年，司马迁被列为世界文化名人，这既是中华民族的骄傲，也是整个世界的骄傲。随着现代文化科学的进步，以及文化交流的加强，世界各国人民研读《史记》和崇尚司马迁的人也越来越多，研究司马迁和《史记》也将会进入一个新的阶段。

司马迁生平大事年表

公元前145年 汉景帝中元五年，司马迁生于龙门（今陕西省韩城市）。

公元前140年 汉武帝建元元年，司马迁在故乡就读。父亲司马谈任太史令。

公元前136年 建元五年，在故乡过着半耕半读的生活。

公元前134年 汉武帝元光元年，汉武帝罢黜百家，独尊儒术。司马迁在夏阳耕读，后到长安求学。

公元前127年 汉武帝元年朔二年，从夏阳迁居长安，师从孔安国学习《尚书》，师从董仲舒学习《春秋》。

公元前126年 元朔三年，开始游历各地，历时数年，为协助父亲修史进行准备。

公元前124年 元朔五年，回到长安，得补博士弟子员。

公元前123年 元朔六年，以考试成绩优异升为郎中，即皇帝的侍卫官。

公元前122年 汉武帝元狩元年，侍从汉武帝巡视至雍，祭祀五帝。父亲司马迁始修《太史公书》。

公元前119年 元狩五年，为郎中。汉武帝游鼎湖，至甘泉（今陕西淳化县境内），司马迁以郎中身份侍从。

公元前113年 汉武帝元鼎四年，为郎中。随汉武帝祭祀五帝到雍（今陕西凤翔县）、河东（今山西夏县东北）等地。冬十月，司马迁随武帝回夏阳故乡。

公元前112年 元鼎五年，为郎中。以侍中身份侍从汉武帝巡行至西北的扶风、平凉、崆峒等地。

公元前111年 元鼎六年，受命为郎中将，以皇帝特使身份奉使西征巴蜀以南，到达邛（今四川西昌一带）、筰（今四川汉源一带）、昆明（今云南曲靖一带），安抚西南少数民族，设置五郡。

公元前110年 汉武帝元封元年，父亲病逝，临终前嘱咐司马迁要继孔子而续《春秋》，写《史记》。司马迁以郎中身份侍从汉武帝至泰山，又至海边，自碣石至辽西。又经北边、九原（今包头市西），最后回到甘泉。

公元前109年 元封二年，春，随汉武帝到达缑氏（今河南偃师），又到东莱。4月，黄河决口，司马迁随从武帝至濮阳瓠子决口处，与群臣从官负薪堵塞黄河决口。

公元前108年 元封三年，继父职任太史令。

公元前107年 元封四年，随汉武帝至雍，祭祀五帝。

公元前106年 元封五年，随汉武帝至南郡盛唐（庐江），望祭虞舜于九嶷山，自寻阳（今湖北黄梅县西南）过长江，登庐山，北至琅琊（今山东诸城），增封泰山，沿海而行。

公元前105年 元封六年，随汉武帝行至回中（今陕西陇县西北）。

公元前104年 汉武帝太初元年，与上大夫壶遂等制定《太初历》，汉武帝宣布废《颛顼历》，改用此历法。冬，随汉武帝祭泰山。开始著述《史记》。

公元前103年 太初二年，专心著述，"绝宾客之知，忘室家之业，日夜思竭其不肖之材力，务一心营职"。

公元前100年 汉武帝天汉元年，苏武出使匈奴被扣，汉武帝发兵讨伐匈奴。李陵为将，请"自当一队"。

公元前99年 天汉二年，春，随汉武帝至河东，祭祀后土。11月，李陵战败，被匈奴俘虏，司马迁因替李陵辩护而被捕入狱，判死刑。

公元前98年 天汉三年，李陵被灭族。司马迁为著史记而忍辱苟活，自请宫刑。

公元前97年 天汉四年，司马迁被赦出狱，任中书令，自此发愤著述《史记》。

公元前91年 汉武帝征和二年，作《报任安书》，完成《史记》。"巫蛊冤案"爆发。

公元前87年 汉武帝后元二年，汉武帝驾崩。大约同一年，司马迁去世，死因不明。